INOVE OU MORRA!

Copyright© 2018 by Literare Books International.
Todos os direitos desta edição são reservados
à Literare Books International.

Presidente:
Mauricio Sita

Capa:
Atomic Buzz

Diagramação:
Lucas Chagas

Revisão:
Camila Oliveira

Diretora de projetos:
Gleide Santos

Diretora de operações:
Alessandra Ksenhuck

Diretora executiva:
Julyana Rosa

Relacionamento com o cliente:
Claudia Pires

Impressão:
RR Donnelley

Dados Internacionais de Catalogação na Publicação (CIP)
(eDOC BRASIL, Belo Horizonte/MG)

G963i Guimarães, Luiz.
Inove ou morra! Conheça passos simples e poderosos para salvar o seu negócio. Reengenharia digital: uma estratégia rápida e segura de inovação para empresas / Luiz Guimarães. – São Paulo (SP): Literare Books International, 2018.
192 p.

Inclui bibliografia
ISBN 978-85-9455-123-8

1. Administração. 2. Empreendedorismo. 3. Inovação. 4. Startup. 5. Tecnologia. I. Título.

CDD 658.11

Elaborado por Maurício Amormino Júnior – CRB6/2422

Literare Books International Ltda
Rua Antônio Augusto Covello, 472 – Vila Mariana – São Paulo, SP
CEP 01550-060
Fone/fax: (0**11) 2659-0968
site: www.literarebooks.com.br
e-mail: contato@literarebooks.com.br

Luiz Guimarães

Agradecimentos

Eu gostaria de começar agradecendo onde essa jornada teve início, no grupo de *Mastermind* de Rafa Prado: "Luiz, você tem que escrever um livro!". Até então, essa ideia parecia estranha e distante, até que aos poucos se tornou mais do que uma possibilidade, se tornou um desejo. As sugestões de vocês foram de grande valor. Outro grupo que tenho a obrigação de agradecer é o *PowerMind*, mantido pelo meu mentor Rodrigo Cardoso. A doação e colaboração de vocês, marca desse maravilhoso grupo, foi o combustível necessário que utilizei para transformar o que escrevi em ação concreta, a publicação do livro.

No início do trabalho, contei com amigos maravilhosos que, sem cessar, criticaram, discutiram e melhoraram a obra, entre eles Leonardo Cavalcanti, Rodrigo Gazanneo, Patrícia de Jesus, Luis Lourenço e meu irmão Carlos Guimarães.

Gostaria de agradecer também a minha magnífica equipe de trabalho pelo apoio e encorajamento constante, em especial a Mari pelo excelente trabalho de design gráfico.

À equipe da editora Literare meu muito obrigado pelo profissionalismo e o atendimento cordial, prestativo e ágil em todos os momentos.

Logicamente, não poderia deixar de agradecer a toda minha família pelo amor e suporte. As palavras de incentivo dos meus pais e o apoio constante do meu querido sogro e afável sogra. Aos meus pequenos, Luiz Gabriel e Luiz Arthur, sei o quanto colaboraram me alegrando e entendendo as minhas ausências enquanto escrevia. Vocês vibravam comigo. A minha maravilhosa esposa, Suderleny, não tenho palavras para agradecer pelo seu apoio e fé incondicional em mim. Além de "segurar todas as pontas" para que eu pudesse me dedicar ao trabalho, você foi essencial na formação das ideias e revisão de todo o trabalho.

Por fim, e mais importante, gostaria de agradecer a Deus pelo objetivo alcançado. Os momentos de produção literária mais impactantes foram os que solicitei sabedoria e inspiração divina, do meu Senhor, do Espírito Santo e de meu anjo da guarda.

Índice

Apresentação 7

Capítulo 1 15
O desafio da inovação para quem não é *startup*

Capítulo 2 25
Definindo o problema: compreenda quem são e o que querem os consumidores digitais

Capítulo 3 39
As revoluções digitais ocorrem em ondas

Capítulo 4 47
Desvendando a primeira e a segunda revolução digital

Capítulo 5 63
A terceira revolução digital

Capítulo 6 77
Desmistificando a computação em nuvem, IOT e *Big Data*

Capítulo 7 91
Desmistificando a Inteligência artificial e realidade aumentada

Capítulo 8 103
Desmistificando o *blockchain* e criptomoedas

Capítulo 9 113
Inove sua empresa tradicional de forma rápida e segura com a reengenharia digital

Capítulo 10 139
Os princípios da aplicação da reengenharia digital

Luiz Guimarães

Apresentação

Estamos no meio de uma Revolução Digital. Isso mesmo, o termo está correto, revolução. Para ser mais preciso, estamos no meio de uma Terceira Revolução Digital e, ao que tudo indica, esta tem um potencial maior de mudar de forma profunda e mais rápida a nossa sociedade, a forma como fazemos as coisas e, por consequência, a forma como as empresas fazem negócios. Sinceramente, o seu futuro profissional e da sua empresa depende de entendê-la e abraçá-la.

As evidências das mudanças que comprovam essa revolução estão por todos os lugares. Em 2014, como exemplo, a Daimler Trucks começou a testar caminhões semiautônomos em Nevada, nos EUA, com testes adicionais realizados na autoestrada na Alemanha. O caminhão pode permanecer no modo semiautônomo até que o sistema detecte uma situação como uma interseção ou um tráfego lento adiante, caso em que avisa ao motorista e, eventualmente, desativa o modo autônomo.

Segundo a empresa, a condução autônoma criará oportunidades para os motoristas se tornarem gerentes de transporte. Movendo-se em comboios, caminhões sem motoristas evitam ultrapassagens desnecessárias e, ao usar eficientemente a corrente de ar do veículo à frente, otimizando acelerações e desacelerações, eles podem reduzir o consumo de combustível em 20%.

A tecnologia autônoma ainda pode prevenir 90% dos acidentes que são causados por motoristas distraídos ou sonolentos. A combinação de transporte mais seguro, rápido e econômico, por meio da tecnologia autônoma, pode reduzir o custo total dos bens.

Já em 2015, a Airbus reportou ter usado mais de mil peças impressas em impressoras 3D, durante a construção do primeiro A350 XWB a ser entregue. A tecnologia de impressão 3D ajudou

Inove ou morra!

a *Airbus* a alcançar uma mudança gradual na redução de peso e eficiência, produzindo peças de aeronave que pesam 30-55% menos, enquanto reduzem as matérias-primas utilizadas em 90%.

Em comparação com os métodos tradicionais, a impressão 3D diminuiu a energia total utilizada na produção em até 90%. As aeronaves são, em média, 6,4% mais eficientes em termos de combustível, com a ajuda de peças impressas em impressoras 3D.

Um outro exemplo, desta vez de uma estratégia convergente bem interessante, é do aplicativo *WeChat*, da China, equivalente ao *WhatsApp* do ocidente, que conta com mais de 600 milhões de usuários ativos mensais. O *WeChat* é uma plataforma abrangente que possui, além de troca de mensagens, compartilhamento de mídia, jogos e até pagamentos.

O aplicativo permite que os clientes substituam os seus serviços bancários tradicionais, aplicando um saldo financeiro nele para, a partir disso, comprar coisas via aplicativo ou transferir créditos do seu saldo para outros usuários, enquanto "batem papo" com os mesmos.

Talvez você já sinta essa mudança no ambiente. E, talvez, você tenha, como eu tinha, uma série de questionamentos como: o que é exatamente essa nova onda de inovações tecnológicas? Ela é realmente uma nova onda? Como posso surfar essa nova onda? Vale a pena surfá-la? Que mudanças eu preciso fazer? Quais tecnologias adquirir? Terei cultura ou competência para mudar minha empresa? Ela diz respeito às inovações disruptivas? Ela diz respeito à geração *millennials*? Ela diz respeito ao *marketing* digital? Ou seria a respeito de *big data*? Afinal, o que é ser digital?

Os professores do MIT, Erik Brynolfsson e Andrew McAfee, autores do livro *A segunda era das máquinas*, afirmam que "(...) [o mundo está] em um ponto de inflexão... um ponto de inflexão na história de nossas economias e sociedades por causa da digitalização. É um ponto de inflexão na direção certa - generosidade em vez de escassez, liberdade em vez de restrição -, mas que trará alguns desafios e escolhas difíceis.".

Luiz Guimarães

Dois pesquisadores da Universidade de Oxford, no Reino Unido, examinaram em 2013, dentre 702 profissões, quais eram mais suscetíveis à automação computacional nos próximos 20 anos. A pesquisa revelou que, 47% do total de empregados dos Estados Unidos da América estavam em risco.

E que novidade digital está provocando isso? Várias, na verdade, principalmente as inovações recentes da Inteligência Artificial ou I.A. Como reforça o bilionário Michael Dell, dono da *Dell Technologies*, um dos maiores conglomerados de empresas de tecnologia do mundo, em entrevista à revista *Forbes*:

A Era da Computação está apenas começando. A maioria das empresas hoje tem cerca de mil vezes mais dados do que realmente usam para tomar melhores decisões. Quando você superar a mais recente ciência da computação – IA, aprendizado de máquina, aprendizado profundo, aprendizado não supervisionado – você criará uma explosão de oportunidades e, também, uma emergência real.

Máquinas inteligentes que substituem os seus criadores é um tema intrigante. Uma afirmação de Ellon Musk, cofundador da *PayPal, SpaceX* e dos carros esportivos elétricos *Tesla*, repercutiu o mundo inteiro quando disse que: "A inteligência artificial proporcionará muitos benefícios sociais. No entanto, com a IA, podemos estar convocando o demônio".

De fato, o impacto da I.A. pode ser avassalador, pois além de automatizar atividades operacionais e sistemas inteligentes, hoje, já conseguem fazer com qualidade razoável, atividades que referenciamos como atividades criativas, como escrever um texto jornalístico ou criar um trailer de um filme de cinema.

Contudo, essa informação não precisa ser vista somente de forma negativa. Se por um lado o avanço da I.A. põe profissões em risco, por outro, cria atividades profissionais novas e potencializa as existentes. Sistemas autônomos podem ser componentes positivos na qualidade de vida de populações urbanas, em vários sentidos.

Inove ou morra!

Imagine milhões de vidas salvas pela redução de acidentes de trânsito. Imagine as dezenas de horas não desperdiçadas por ano, com as reduções de congestionamentos em grandes cidades. Imagine a redução de apólices de seguros aplicados para quem se propuser não dirigir o próprio carro.

Para alguns expoentes mundiais, todas essas mudanças que estamos vivendo, na verdade, fazem parte da Quarta Revolução Industrial, sendo a terceira iniciada na década de 1960, com o advento dos semicondutores e da computação (*mainframe*). Essa foi finalizada na década de 1990, com a *Internet* estática. Klaus Schwab, fundador e presidente executivo do Fórum Econômico Mundial, escreveu em seu livro A *Quarta Revolução Industrial*: "Estou convencido de que a Quarta Revolução Industrial será tão poderosa, impactante e historicamente importante quanto as três anteriores".

Segundo o autor, a grande diferença entre essa revolução e as demais é a fusão e interação das tecnologias físicas, digitais e biológicas. A terra foi a matéria-prima da era agrícola, o ferro, a matéria-prima da era industrial, o dado foi a matéria-prima da era da informação (Terceira Revolução Industrial) e, agora, a fusão do dado com o biológico cria a nova e Quarta Revolução Industrial.

No campo biológico, acredita-se que a genômica se tornará uma indústria de trilhões de dólares, prolongando a vida e, praticamente eliminando doenças que matam centenas de pessoas por ano na atualidade.

Tudo isso não é exagero? Não, não é. De fato, uma revolução digital está em voga. Talvez você ainda não tenha se dado conta plenamente, mas a coisa pode ser até um pouco maior do que você imagina. Várias novas inovações ocorridas na primeira metade da década de 2000, como na inteligência artificial, a nuvem computacional e o *big data*, por exemplo, iniciaram essa revolução digital. Elas evoluíram e se combinaram, e o fruto dessa combinação fora mais evolução e novas combinações em um ciclo virtuoso de inovação e criatividade, originando novas fortes ondas de inovação e euforia.

Luiz Guimarães

Os pioneiros dessa jornada estão colhendo os frutos mais maduros, com ganhos dramáticos de agilidade, qualidade de serviço, redução de custo e eficiência operacional. Segundo pesquisas do centro de pesquisas do MIT, corporações com negócios digitais efetivos obtiveram 11% de crescimento de receitas, em relação à média dos seus mercados. O aumento de receita é o grande motivador dos primeiros adotantes. Uma pesquisa recente descobriu que 45% dos executivos de TI veem o crescimento da receita como prioridade máxima para a busca da digitalização dos negócios.

Em seu livro, *Liderando na era digital*, Westerman, Bonnet e *McAfee* identificaram quatro níveis de maestria digital por meio de um cruzamento entre capacidade digital e capacidade de liderança. No estudo publicado na obra, os autores identificaram que os "mestres digitais", empresas com alto desempenho em ambas as capacidades digitais e de liderança, tinham 9% mais geração de receita a partir de bens tangíveis, além de serem bem mais lucrativas, alcançando uma impressionante marca de lucratividade, 26% superior em relação à média das empresas de seu mercado.

> Infelizmente, o impacto da Revolução Digital já é sentido de forma mais pronunciada por uns. Em alguns segmentos, como o varejo, por exemplo, estamos no que está sendo chamado de "apocalipse do varejo", que iniciou em 2016, quando grandes varejistas começaram a fechar suas operações físicas. Nos Estados Unidos, a *Sears* tem menos de um terço do número de lojas, do que tinha há dez anos. O *Walmart* acabou de anunciar que fechará 10% das lojas do *Sam's Club*, de um total de 660, e que transformará 12 lojas em centros de entrega de *e-commerce*.

Inove ou morra!

A *Macy's* fechou 68 lojas no ano passado e a *JC Penney* anunciou o fechamento de 128. O *Payless* entrou com pedido de concordata e a *Toys "R" Us, Inc.*, famosa rede de brinquedos, surpreendeu os investidores quando entrou com pedido de falência no ano passado, a terceira maior falência de varejo na história dos EUA.

A metade dos *shoppings* nos EUA deve ser fechada até 2023 e 6800 lojas físicas serão fechadas em 2018 – mais fechamentos desde a recessão, dez anos atrás. Por que tudo isso a despeito do aumento do consumo dos americanos? A resposta não é o quanto se gasta, mas onde se gasta, pois eles continuam a fazer mais e mais compras *online*.

O número vem aumentando a cada ano, e agora os consumidores *online* fazem mais da metade de suas compras pela *web*. A *Morgan Stanley* previu que a *Amazon*, a maior beneficiária dessa tendência, poderia se tornar a primeira empresa do mundo, no valor de US$ 1 trilhão – e já alcançou mais do que o dobro do valor de mercado do *Walmart*.

Como largamente alardeado, é necessário trazer as empresas da era analógica para a era digital de forma urgente. Contudo, as possíveis respostas para essas ações estão por todos os lados, mas elas não são claras. Na verdade, na maior parte das vezes, os direcionamentos são difusos ou abrangentes demais, criando uma ampla diversidade de entendimentos, focos e planos de ação, algumas vezes antagônicos ou difíceis de serem alcançados.

Em uma pesquisa de 2016, feita pela *Dell Technologies*, com 4 mil líderes de negócios de todos os tamanhos, em 16 países, incluindo o Brasil, evidenciou-se que esses líderes veem o futuro de forma caótica e incerta. 47% afirmam não saber como estará a sua indústria em três anos. Ainda na pesquisa, 78% se sentem ameaçados por *startups* e 45% temem que eles podem estar obsoletos em um período de três a cinco anos.

Um fato unânime é que a inovação é uma disciplina essencial nesta jornada de mudança, mas quanto dela? De fato, existem di-

Luiz Guimarães

versos casos de novas empresas que implementaram no mercado, novos produtos ou serviços disruptivos que mudaram o cenário dos negócios, comprometendo (e até extinguindo) companhias e segmentos inteiros de atividade.

Isso cria uma pressão enorme sobre os executivos e empreendedores, até paralisando suas ações digitais por parecer exigir capacidades que são limitadas a algumas poucas empresas ou *startups*, ou seja, algo muito distante da realidade da maioria dos negócios, principalmente àquelas cujo modelo de negócio foi concebido (e até hoje utilizado) antes da *Internet*.

Para essas, inovar e criar produtos disruptivos caracteriza-se como um desafio improvável e de dificuldade extrema, já que se encontram em industrias maduras, possuem uma cultura bem formada e uma estrutura organizacional focada na rotina, operação e resultado, com iniciativas de inovações graduais (sustentadas), focadas quase totalmente em corrigir anomalias, a fim de garantir o padrão desejado.

O receio de alguém aparecer do nada, de uma hora para outra, mudando totalmente a regra do jogo com algum produto ou serviço inovador e disruptivo cria a urgência de que é necessário inovar radicalmente, a qualquer custo. Contudo, como posso alterar minha estrutura e cultura para o novo e a inovação radical, sem comprometer a rotina e os resultados atuais?

Ou uma pergunta ainda mais intrigante. É necessário ser disruptivo para sobreviver e prosperar nesse novo cenário? Minha resposta é não, e apresentarei no decorrer do livro o porquê. Na verdade, mostrarei que não é necessário ser uma *startup* ou ter um DNA inovador para ser inovador e, muito menos, para fazer grandes mudanças.

A aplicação da reengenharia digital será muito útil, pois o guiará no processo de modernização e fará economizar muito tempo e dinheiro, pois como você descobrirá, o meu objetivo com este livro não é só evitar que o seu negócio se torne obsoleto, mas, principalmente, fazer com que ele prospere no mundo digital.

Inove ou morra!

Resumo

• Estamos no meio de uma Revolução Digital que terá um grande impacto sobre o trabalho e sobre as empresas;

• Essa revolução digital é chamada, também, por alguns, de a Quarta Revolução Industrial;

• Quem inovou já está se beneficiando de maiores receitas e lucratividade;

• Quem ainda não "se mexeu" está correndo um alto risco de perenidade. Em alguns segmentos, esse evento "catastrófico" já iniciou. Mais cedo ou mais tarde, quem não se adaptar rapidamente corre o risco de sair do mercado;

• É necessário entender de forma clara o que está ocorrendo para tomar ações corretas no tocante à digitalização dos negócios;

• A boa notícia é que a digitalização é acessível a todos os tipos de empresas e modelos de negócios.

Luiz Guimarães

O desafio da inovação para quem não é *startup*

Por concepção, uma *startup* é um grupo de pessoas em busca de um modelo de negócio em condição de incerteza. Dito de outra forma, não se pode afirmar se a ideia inicial realmente dará certo, além de que não se sabe, também, qual será o modelo de negócio que transformará o trabalho em dinheiro. É até comum, inclusive, que a empresa remanescente de uma *startup* seja uma vaga lembrança do que era a ideia inicial ou o esboço do modelo de negócio imaginado.

Uma empresa tradicional, por outro lado, difere totalmente de uma *startup*. Ela possui um modelo de negócio comprovado, que já é responsável por transformar o seu trabalho em riqueza. O foco desse tipo de empresa não está em buscar um

Inove ou morra!

modelo de negócio, mas aprimorá-lo, constantemente, a fim de otimizar seus resultados, melhorando a sua qualidade, atendimento, reduzindo seus custos e proporcionando crescimento.

Uma empresa tradicional tem uma cultura pautada em controle de qualidade e entrega de resultado. A qualidade advém de seguir um padrão, por intermédio de uma execução de processos e procedimentos previamente desenhados sob uma hierarquia de funções que vai da operação, quem é responsável por gerar o resultado seguindo o padrão e reportando anomalias, passando por gerência, cuja missão é a correção das anomalias, até níveis de definição estratégica, política e diretiva.

As pessoas que trabalham nesse "sistema padrão", executando suas rotinas de vender, comprar, pagar, receber, transferir, atender, conciliar etc., têm seus resultados instigados e, ao mesmo tempo, medidos por metas pessoais e de grupo, para determinado período (mensal, trimestral, anual etc.).

Seu foco está em gerar o maior resultado possível, atendendo a qualidade determinada (o padrão), ou seja, respeitando as diretrizes, políticas, processos e procedimentos da empresa. Os clientes se beneficiam dessa "rigidez" quando recebem um produto ou serviço de qualidade de forma previsível no decorrer dos anos, independentemente dos locais de contato.

No contexto de uma empresa tradicional, alterar ou modificar o "sistema padrão" é um risco e uma oportunidade, ao mesmo tempo. O risco, decorrente da mudança, é causar instabilidade no "motor de resultados" da empresa, como improdutividade, baixa qualidade e incerteza nas pessoas que o executam. Toda modificação na forma de fazer, seja procedimentos ou processos gera a necessidade de treinamentos, orientações, testes, validações, novas integrações e, inevitavelmente, problemas temporários com o produto ou serviço final.

Os colaboradores são os principais afetados e, muitas vezes, se sentem inseguros sobre a sua capacidade de aprender um novo procedimento para aquilo que há anos já estão acostumados a fazer. Será que conseguirei aprender a nova ferramenta, o novo sistema, me adequar ao novo procedimento? Serei tão rápido, eficiente e produtivo como antes? Será que me substituirão ou ainda serei útil, se não precisarei utilizar todos os conhecimentos que já tinha obtido ao custo de tanto esforço e experiência? Essas são indagações deles.

Por isso é tão importante, sempre que possível, "mexer" o mínimo possível no "sistema padrão" do negócio. Toda mudança deve ser pensada, defendida e aprovada, antes de ser desenvolvida e implantada. Diferentemente de uma *startup*, que nasce com a missão de testar e experimentar para encontrar um modelo de negócio lucrativo, a empresa tradicional já possui o seu.

A cultura difere, pois está mais alinhada a manter e preservar o modelo do que destruí-lo e renová-lo. Quase todo o foco e energia são voltados para manter o sistema de padronização, o motor da empresa em plena execução, em máxima produtividade, mas conservando o seu padrão, ou seja, entregando a qualidade a qual o sistema foi desenhado para entregar.

Como seria bom (ou não) se, uma vez desenhado e implantado o "motor de resultados" da empresa, ela se mantivesse com o mesmo desempenho ou sempre melhor, meses após meses, anos após anos, mas isso não acontece. Ajustes e adaptações são sempre necessários para se adequar às mudanças internas e externas do ambiente.

Os clientes mudam, os concorrentes também. As regras de mercado mudam, as legislações mudam, as pessoas mudam, enfim, tudo está em constante mudança e isso interfere no desempenho do sistema. O pior é que essas mudanças são cada vez mais necessárias e intensas, ocorrendo em ciclos cada vez mais curtos.

Hoje, a mudança constante dos agentes de mercado força as empresas a implementarem, regularmente, alterações em seu sistema e o desafio é fazê-las sem impactar negativamente o seu desempenho ou, em último caso, sem destruí-lo.

Inove ou morra!

Para isso, usualmente, as mudanças ocorrem em instâncias diferentes do "sistema padrão", ficando a cargo de um grupo de pessoas, comandado habitualmente por um gestor de melhorias ou de projetos, o encalço de aperfeiçoar e evoluir o "motor de resultados" da empresa. Esses projetos buscam a melhoria contínua, um incremento de desempenho, por isso são estudados, orçados e largamente discutidos para serem aprovados, pois o seu objetivo não é sobreviver "ao léu", mas serem incorporados futuramente no "sistema padrão".

Por isso, investir no escuro, algo tão normal para *startups* e investidores de risco, não ecoa muito bem em empresas tradicionais e aí encontra-se o grande desafio de inovação, que diferencia tanto as *startups* das empresas.

O que fazer, então, como solução para modernizar e atualizar a empresa, garantindo a sua prosperidade futura, mediante tantas mudanças e tantos novos entrantes disruptores no mercado? Que tipo de inovação implementar e onde? Devo criar e investir em *startups* como forma de obter uma inovação? Devo agora me preocupar em criar e desenvolver novos produtos ou serviços disruptivos que destruam os meus produtos ou serviços atuais ou que modifiquem, radicalmente, o modelo de negócio? Todas as empresas devem se comportar como se fossem *startups* do vale do silício ou como uma das gigantes da era da *Internet*, como *Amazon* e *Google* para sobreviver nesse novo mercado?

Analisando as formas de inovação

Utilizando como referência a matriz de inovação de Greg Satell, autor do livro *Mapping Innovation*, observamos que existem quatro tipos de inovação que são definidas por duas variáveis que são:

1. Problema;

2. Domínio de como resolver o problema.

Definir o problema diz respeito a ter a clareza de onde se quer chegar e quais são os obstáculos que precisam ser superados. Determinar claramente o problema é a mais importante etapa de um processo de melhoria e inovação. Não é à toa que se intitula a Einstein uma frase que diz mais ou menos assim: "Se tivesse uma hora para salvar o Planeta, eu gastaria 59 minutos na definição do problema e somente um minuto resolvendo-o".

Definir o domínio diz respeito a saber como resolver o problema, ou seja, é ter o domínio claro sobre quais os conhecimentos, especialidades e habilidades são necessárias para ter sucesso na conclusão/desenvolvimento da empreitada.

No contexto dessas duas variáveis, podem oscilar dois estados, que são:

• A variável estar muito bem definida;
• A variável estar regularmente definida.

Dessa forma, cada variável poderia ocupar os dois estados acima, formando quatro possibilidades de resposta (um quadrante), ou seja, a matriz de inovação.

Inove ou morra!

Segundo a matriz, quando as duas variáveis estiverem muito bem definidas, isso indica uma inovação incremental (ou sustentada). Por outro lado, quando ambas indicarem uma definição regular, seria um indicativo de uma inovação do tipo pesquisa (por exemplo, as feitas em universidades). Dessa forma, em estados heterogêneos, quando uma variável se encontra em um estado e a outra variável em outro, teríamos as inovações radicais ou disruptivas.

A inovação incremental (ou sustentada) é a mais comum e fácil de ser implementada e a dedução do porquê de ser assim é um tanto óbvia, visto que é o tipo de inovação em que se tem todos os aspectos (variáveis) muito bem definidos, o que ajuda bastante o processo de inovação. Tanto que, para alguns, não se trataria nem de uma inovação, e sim de trabalho de engenharia.

A inovação disruptiva ocorre quando um grupo de pessoas altamente capacitada resolve um grande problema, mas não possui clareza da aplicação dessa solução. Ordinariamente, essa inovação está ligada a melhorar, substancialmente, uma característica (aspecto) de um objeto (produto) existente, independentemente dos outros aspectos. Essa melhoria pode ser de custo, desempenho, *design*, usabilidade etc. Encontra-se a solução, mas se sabe ao certo como implantá-la.

Na inovação radical, compreende-se muito bem o que deve ser resolvido (o problema), a questão é não ter clareza do melhor caminho ou forma de solucioná-lo. Não raro, a solução para um problema de uma determinada área ou especialidade vem de uma outra área totalmente inesperada, como por exemplo, uma solução para um problema na indústria de engenharia de motores pode ser resolvida por uma empresa da área de biologia marítima.

Por isso, para alcançar sucesso nesse tipo de inovação são necessárias áreas de P&D multidisciplinares ou abordagem de inovação aberta, onde problemas internos são apresentados também para públicos externos, a fim de alcançar o máximo possível de

Luiz Guimarães

multidisciplinaridade para a solução, com o objetivo de melhorar o desenvolvimento de seus produtos, prover melhores serviços para seus clientes, aumentar a eficiência e reforçar o valor agregado.

E aqui entra o grande obstáculo: a estrutura, organização, cultura e sistema de uma empresa tradicional (principalmente as pequenas e médias) não são muito compatíveis com as inovações que não possuem uma ótima definição de problema e domínio. O ideal seria que a maioria das inovações pudesse ocorrer de forma incremental, pelo menos as inovações que afligem o momento atual, que exige modernização e digitalização dos negócios. Mas, isso seria possível? Para ser competitivo não é necessário proporcionar uma grande inovação, tipo disruptiva? Não seria necessário ser uma *startup* para conseguir prosperar no futuro?

Possivelmente, as respostas para essas questões não necessariamente precisam ser "sim". Na verdade, acredito que a necessidade que temos é de um incremento ao modelo de negócio, que pode ser feito da mesma forma como sempre foi, ou seja, com inovações incrementais e melhoria contínua, nada de inovação radical ou disruptiva. Algo como uma mudança corpórea, como o que acontece com alguns crustáceos, que de tempos em tempos precisam mudar seu exoesqueleto para adaptar-se ao seu novo corpo.

O que quero dizer é que as inovações disruptivas existem e continuarão existindo, contudo essa capacidade não precisa ser exercida por todos, como exigência de perenidade. Por outro lado, a capacidade de observação dos impactos dessas inovações nas pessoas é uma competência que deve ser exercida sempre, principalmente em momentos como este, em que os avanços tecnológicos foram pronunciados.

Dessa forma, proponho que o foco deixe de ser de inovação disruptiva e passe a ser de inovação sustentada. Greg Satell diz que inovação sustentada é a inovação mais comum, porque a maior parte do tempo procuramos melhorar o que já estamos fazendo.

Inove ou morra!

É mais fácil e desejado melhorar as capacidades existentes nos mesmos mercados que atuamos.

Além disso, temos uma imagem bastante clara de quais problemas precisam ser resolvidos e quais os domínios e habilidades são necessários para resolvê-los. Para Clayton Christensen, autor do livro *The Innovator's Dilemma*, o grande problema das inovações disruptivas é que, para serem criadas, as empresas precisam deixar de fazer o que é consenso de boas práticas corporativas, como investir em inovação contínua, ouvir os clientes e buscar rentabilidade.

Uma inovação disruptiva é, na sua essência, uma oportunidade de mercado do futuro e, como tal, não é o que os clientes exigem e, muito menos, não possui volume que gere rentabilidade.

> Lembra-se das pessoas esquisitas que compraram câmeras digitais quando eram caras e não tiravam boas fotos? Como a Kodak poderia ganhar dinheiro com o que era um nicho de mercado, quando seus clientes pediam um filme melhor? (Greg Satell)

As inovações disruptivas são difíceis de serem criadas e muitas nem sequer sobrevivem. A grande questão é se manter aberto e identificá-las, incorporando-as ao seu negócio. A boa notícia é que, identificando-as corretamente, o foco deixa de ser em inovação disruptiva e passa a ser em inovação sustentada de modelo de negócio, algo familiar e possível a todos.

> Quando a base da concorrência muda, devido a mudanças tecnológicas ou outras mudanças no mercado, as empresas podem se encontrar fazendo cada vez melhor as coisas que as pessoas querem cada vez menos. Quando isso acontece, inovar seus produtos não ajudará – você precisa inovar seu modelo de negócios. (Greg Satell)

Luiz Guimarães

A inovação sustentada é uma jornada mais técnica, uma engenharia. A grande questão então é encontrar uma forma de identificar nessas grandes inovações a boa definição de problema e domínio de resolução, pois, assim, não seria necessário "se aventurar" em inovações arriscadas, como a radical e a disruptiva.

Se alcançássemos esse ponto de fazer com que inovações disruptivas pudessem ser mapeadas e direcionadas a inovações sustentadas, iríamos permitir que as empresas tradicionais (principalmente as menores) tivessem o mesmo nível de entrega aos clientes, em uma jornada mais segura e, principalmente, sendo elas mesmas.

Esse tipo de abordagem permitiria uma maneira mais natural de avançar, ao mesmo tempo em que tornaria a empresa tradicional uma grande adversária no mercado digital, competindo de igual para igual com os grandes disruptores e *startups*.

E é a essa discussão que proponho levá-lo no decorrer deste livro. No próximo capítulo, lhe apresentarei e discutirei sobre a definição do problema. Nos seis capítulos seguintes, apresentarei os domínios necessários, inclusive evidenciando o porquê de ser urgente o processo de inovação. Por fim, encontra-se resumido toda a estratégia, a qual chamei de Reengenharia Digital nos capítulos 9 e 10. Boa leitura.

Resumo

• Uma *startup* é um grupo de pessoas em busca de um modelo de negócio sustentado e rentável em condição de incerteza.

• Uma empresa tradicional, por outro lado, difere totalmente de uma *startup*, pois já possui um modelo de negócio comprovado, que transforma o seu trabalho em riqueza.

• Um sistema padrão é o motor de resultados de uma empresa, pois por meio dela é executado os processos e procedimentos previamente desenhados, sob uma hierarquia de funções que vai da operação, quem é responsável por gerar o

Inove ou morra!

resultado seguindo o padrão e reportando anomalias para a gerência, cuja missão é a correção delas.

• Modificar o "sistema padrão" é um risco e uma oportunidade, ao mesmo tempo. O risco é causar instabilidade no "motor de resultados" da empresa, como improdutividade, baixa qualidade e incerteza nas pessoas que o executam.

• A matriz de inovação identifica quatro tipos de inovação referente a definição das variáveis: problema e domínio.

• Os quatro tipos de inovação são: pesquisa, radical, disruptiva, incremental (ou sustentada).

• O ideal seria que a maioria das inovações pudesse ocorrer de forma incremental, pelo menos as inovações que afligem o momento atual, que exige modernização e digitalização dos negócios.

• O desejado é fazer com que inovações disruptivas possam ser mapeadas e direcionadas às inovações sustentadas, permitindo que as empresas tradicionais (principalmente as menores) tenham o mesmo nível de entrega das *startups*, só que em uma jornada mais segura e, principalmente, sendo elas mesmas. Esse tipo de abordagem transformaria a empresa tradicional em uma grande adversária no mercado digital, competindo de igual para igual com os grandes disruptores e *startups*.

Luiz Guimarães

Definindo o problema:
compreenda quem são e o que querem os consumidores digitais

A s ondas de inovações tecnológicas que estamos vivendo tornaram-se um verdadeiro tsunami, no momento em que todas as descobertas começaram a se transformar em produtos viáveis. Elas começaram "a ir para as ruas", disseminando-se entre as pessoas que passaram a utilizá-las em seu dia a dia de forma gradual, uma após a outra, em combinação, sem perceber que as utilizam, ano após ano, até chegar ao ponto de depender, sem perceber que dependem.

Os hábitos das pessoas mudaram muito e irão mudar ainda mais. Não estou falado somente de jovens ou de nativos digitais, estou falando de todas as pessoas.

Inove ou morra!

Engana-se quem acredita que a revolução digital é consequência da geração *millenials* ou Z.

> **Devido à tecnologia, todas as pessoas se modificam e adquirem novas expectativas modificadas pela vivência de uma vida mais digital.**

Reconheço, no entanto, que um nativo digital, por não necessitar reaprender ou por não ter referências passadas, possui uma habilidade muito mais fluida no uso de tecnologias, além de uma maior facilidade para fazer novas incursões e experimentações. Contudo, sei que a mudança tecnológica é tão rápida, que até mesmo um nativo digital passará em algum momento (muito próximo), pela mesma situação dos não nativos, ou seja, necessitará reaprender algo novo e disruptivo em relação ao que já estava acostumado e referenciado.

A grande diferença aqui é que os não nativos passaram por mudanças de conceito analógico para um outro conceito, agora digital e, por sua vez, os nativos passarão (ou estão passando) por mudanças de conceito digital para um outro conceito que também será digital. Dessa forma, todas as gerações, mais cedo ou mais tarde, adotam a tecnologia e, devido a isso, mudam suas expectativas em relação ao consumo, a forma de se comunicar, trabalhar, estudar e se entreter.

O *marketing* já está acompanhando essas mudanças das pessoas, seus hábitos e expectativas. O professor Kotler, talvez o maior expoente do *marketing* moderno, acredita que a mudança em curso exige uma nova abordagem que ele chama de *marketing* 4.0 ou digital.

Em seu livro, *Marketing 4.0: do tradicional ao digital*, o autor explica a transição do *marketing* orientado ao produto (1.0), para o focado no consumidor (2.0) e, então, centrado no ser humano

Luiz Guimarães

(3.0), em que produtos, serviços e culturas empresarias devem adotar e refletir valores humanos para serem bem-sucedidas.

Essa nova abordagem reflete as mudanças ocorridas nas pessoas, pelo avanço e convergência tecnológica, refletindo como a conectividade alterou de forma radical o modo como vivemos. Ela cria novas tendências como a economia "compartilhada", a economia do "agora" e uma série de paradoxos.

Os comportamentos e exigências das pessoas são alterados pelo uso e vivência diária das novas capacidades tecnológicas. A nossa capacidade de adaptação nos permite ir do espanto ao trivial; da dificuldade à operação fluida e inconsciente, do uso da capacidade primária ao de descobertas de novas formas de utilização; do "não preciso disso" ao "não consigo viver sem isso", em relação aos novos produtos tecnológicos.

É nesse momento que incorporamos esse novo hábito em nosso conjunto de expectativas e comportamentos. A *Google*, em seu artigo de dezembro de 2017, intitulado *Os novos comportamentos dos consumidores que definiram as pesquisas do ano na Google*, fez um apanhado de *insights* sobre o novo consumidor apontando:

> Em meio a todas essas pesquisas, surgiram novos comportamentos do consumidor e um novo consumidor super capacitado tomou forma. Descobrimos que as pessoas são mais curiosas, mais exigentes e mais impacientes do que nunca. Vimos evidências disso ao longo de 2017, e será fundamental para os profissionais de *marketing* entenderem esses novos comportamentos à medida que se mudam para 2018.

Ainda no mesmo estudo, é nítido perceber como o avanço tecnológico é o grande direcionador dos novos comportamentos:

Inove ou morra!

> Impaciência, ação imediata, gratificação instantânea, até mesmo alguma impulsividade – estes são apenas um punhado de descritores de comportamento hoje. Todos nós fomos capacitados e encorajados por informações. Com nossos telefones atuando como supercomputadores em nossos bolsos, podemos encontrar, aprender, fazer e comprar sempre que surgir a necessidade ou o capricho.

Fica claro entender que, se as novas tecnologias geraram mudanças nas pessoas, algo precisa ser feito nas empresas, para que elas possam se adaptar às novas expectativas dos novos consumidores. A Revolução Digital está sendo muito grande e é necessário incorporá-la urgentemente nas atividades operacionais, táticas e estratégicas das empresas, a fim de se obter os ganhos necessários para sobreviver nesse novo mundo.

Experiência do cliente versus conveniência do cliente

A experiência do cliente (*Customer Experience* ou CX) pode ser definida como a percepção que um consumidor possui em qualquer contato dele com uma marca (*brand*). O CX abrange uma série de estratégias voltadas para a melhora da percepção do público, em relação a uma empresa e seu produto por meio de interações mais positivas.

Criar um ambiente com uma sensação harmoniosa e positiva ou com um atendimento super cordial e disposto são exemplos de boa experiência do cliente.

A consultoria Temkin Group definiu um modelo baseado em três componentes com o objetivo de orientar as empresas que desejam melhorar a experiência de seus clientes: sucesso, esforço e emoção.

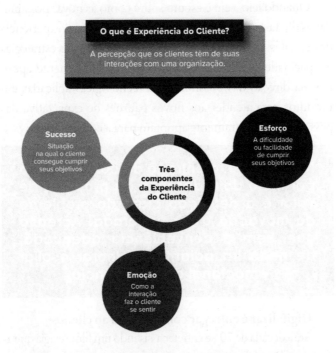

O pilar sucesso é o grau de alcance dos clientes em relação aos objetivos funcionais ao adquirir um produto ou serviço. O pilar esforço refere-se a quão difícil ou fácil é atingir esse objetivo. Naturalmente, o objetivo, nesse ponto, é diminuir o esforço na interação com sua marca. Por fim, o pilar emoção alude ao sentimento dos consumidores ao interagirem com a sua marca. Quanto maior o vínculo emocional positivo da sua marca na memória do cliente, melhor.

Muitos podem argumentar que conveniência é parte da experiência do cliente. Eu concordo com isso. Podemos, inclusive, dizer que ela foi, de certa forma, identificada no pilar "esforço" do modelo de experiência do cliente da Temkin Group. Por isso, podemos dizer, sim, que é um subconjunto da experiência. Contudo, a considero tão importante, que eu sugiro separá-la a partir de agora.

Inove ou morra!

Quando leio, vejo e escuto sobre como as novas possibilidades digitais devem ser utilizadas para melhorar a experiência dos clientes, normalmente, elas se referem às novas estratégias e capacidades analíticas do *marketing* digital. Raramente, apontam na direção das possibilidades tecnológicas aplicadas em produtos para atender aos novos padrões de expectativa das pessoas, ou seja, raramente apontam para a conveniência.

> **Na verdade, a entrega de conveniência por meio do redesenho da proposta de valor é a definição clara do problema da inovação a ser encarada. Acredito que, sem a conveniência adequada, de nada irá adiantar melhorar o pilar emocional da experiência.**

Digitalizar é entregar conveniência ao cliente

Até a década de 70, se entreter assistindo um filme exigia que as pessoas saíssem de suas casas e se deslocassem para cinemas, uma tarefa não muito conveniente, mesmo que prazerosa. Percebendo como as pessoas buscavam fazer mais coisas em suas próprias residências como forma de obtenção de mais conforto (conveniência), no final da década de 70 a indústria cinematográfica lançou produtos para que os seus clientes pudessem obter esse lazer em casa.

O modelo de aluguel de fitas e DVDs prosperou por quase 30 anos com sucesso, mas ele tinha um problema. Depois de tanto tempo de evolução tecnológica, o "sarrafo subiu" e os consumidores já não viam mais o modelo como referência de conveniência.

Ficar preso aos limites físicos como obter alguns filmes, dentre as fitas "em estoque" na locadora, com a responsabilidade de devolvê-las no dia seguinte (ou na semana seguinte) não era uma tarefa que agradava a todos.

Luiz Guimarães

O fim da *Blockbuster* e o nascimento do modelo de *streaming* da *Netflix* foi o marco de transição entre o fim da proposta de valor inconveniente, para a oferta de valor que atendia aos anseios do novo consumidor.

Quando a *Netflix* entrou no mercado, ela sabia que a proposta de valor atual precisava de uma readequação. Por isso, oferecia um modelo de escolha de filmes pela *web*, retirando o inconveniente de deslocamento para obter e deixar as mídias físicas, já que a mesma entregava e as buscava por serviço de postagem.

Posteriormente, vendo que o anseio das pessoas já estava além das limitações físicas de assistir filmes somente na TV, após alguns dias da solicitação e, uma quantidade limitada de títulos, o serviço de *streaming* resolvia a questão.

Hoje, a expectativa do consumidor da *Netflix* é que ele tenha o controle e a possibilidade de assistir um número quase ilimitado de opções, a qualquer hora, em qualquer lugar e em qualquer dispositivo, de forma imediata.

Expus este exemplo para chamar sua atenção para isso. Os avanços tecnológicos possibilitaram criar produtos e serviços que definiram novos parâmetros de conveniência.

> **Dessa forma, fazer reengenharia digital é aplicar um novo nível de conveniência em sua proposta de valor.**

Talvez, você esteja achando que a expectativa de conveniência do consumidor dos serviços da *Netflix* está reservada apenas aos seus desejos de assistir filme. Não está! Como pessoas, as nossas expectativas, após diversas experiências de consumo em diversos serviços, extrapolam para todas as áreas das nossas vidas.

Inove ou morra!

Possuir o controle, não ser limitado a aspectos físicos, em qualquer lugar ou dispositivo, agora são expectativas inerentes a todos os jovens e adultos. Minha sugestão para você é: aja, senão terá que agir de forma obrigatória e tempestiva no futuro próximo. Não caia na ilusão da falta de oferta, ou seja, não é porque o seu mercado não oferece conveniências digitais, que não exista demanda pelos consumidores.

Como já disse, não compartilho a ideia de que o seu sucesso futuro está em criar um produto radicalmente inovador, ou como todos gostam de dizer, disruptivo. Além do mais, vamos ser francos, essa é uma capacidade para poucas empresas do mundo, não concorda?

Seu foco não deve estar em criar, desenvolver e inovar o seu produto central. Acredito que não tem nada de errado com ele. Também, como disse, não se trata de melhorar, de forma geral, a experiência do cliente. O ponto em que você deve se concentrar é:

> **Oferecer conveniência naquilo que as pessoas já possuem como expectativa. Não se preocupe em criar (inovar) algo novo, simplesmente entregue o que elas já requisitam.**

Se compararmos o táxi tradicional e os aplicativos *Easy Taxi* e 99, por exemplo, veremos que ambos possuem o mesmo produto central e resolvem o mesmo "problema" do cliente, que é fazer deslocamentos de curta distância de forma confortável, segura e rápida.

Contudo, os aplicativos de táxi geraram uma nova expectativa de conveniência na contratação (chamada pelo aplicativo, informação automática do seu endereço, visualização da vinda do carro no mapa, identificação do motorista, avaliação, hora aproximada de chegada etc.) e usufruto do serviço (pagamento via cartão de crédito/débito, trajeto escolhido previamente pelo GPS, tempo previsto de chegada ao destino final, possibilidade de avaliação do motorista etc.).

Comparando as duas propostas de valor, é possível concluir que os *APP*s são muito mais cômodos. Após um tempo, acabou modificando as expectativas dos clientes na contratação e uso do serviço. Imagine-se tendo que buscar um número de telefone de chamada de táxi, ligar para uma central de atendimento, ter que informar o local exato em que você se encontra na cidade e aguardar, não se sabe quando tempo, para não sei quem chegar. Com as nossas expectativas atuais, é difícil de imaginar algum consumidor feliz com esse tipo de serviço!

E, em outra análise, qual é a diferença entre os aplicativos de táxi e o *Uber*? Bem, eles resolvem o mesmo "problema" e oferecem basicamente as mesmas conveniências na contratação e usufruto. Contudo, mesmo com esses pontos em comum, posso afirmar, sem medo de errar, que a maioria das pessoas preferem o *Uber* do que os aplicativos de táxi.

Então nos perguntamos: onde estará a diferença? Ela está no preço e na experiência do cliente atrelado ao produto. Carro novo, limpo, motorista cordial, bom atendimento, água e balinhas são benefícios de experiência (produto ampliado) atrelados ao produto central que, com certeza, fazem a diferença.

O táxi tradicional (sem aplicativo) poderia concorrer de "igual para igual" com o *Uber*, se oferecesse todas as experiências citadas, como carro novo, limpo, cordialidade, bom atendimento, água e balinhas? É lógico que não!

> A expectativa dos consumidores é outra e, mesmo que fosse oferecida uma melhor experiência emocional, ainda assim seria muito inconveniente contratar e utilizar os serviços sem um aplicativo.

Inove ou morra!

As conveniências na contratação e no uso do serviço de transporte, advindas dos aplicativos e incorporadas nas nossas expectativas, são o nosso novo padrão.

Entendendo a conveniência

Qual é uma das *commodities* mais valiosas do mundo? O tempo! Os clientes querem agilidade e facilidade. Um grande fator de deslealdade que algumas empresas impõe é a quantidade de esforço exigido aos clientes na contratação e uso dos seus serviços.

Alguns exemplos dessas dificuldades do cliente incluem contatos e informações repetidas ou falta de informações, mudança de canal (por exemplo, começando na *web* e terminando no telefone), transferências, filas, dificuldades para encontrarem o que desejam, políticas e procedimentos excessivos criados pela maioria das interações do serviço.

A *Amazon* é uma das empresas que mais entende isso. A sua força competitiva não está somente no preço, mas na grande capacidade de ofertar conveniência por meio de um desenho primoroso de processos e uso arrojado de tecnologia.

Economizar tempo e tornar a vida de seus clientes mais fácil está no centro dessa megacorporação. Eles aprenderam, há muito tempo, que quanto mais à frente da jornada de compra eles exigissem a autenticação (*login*), mais eles venderiam. Se simplificassem, as pessoas compravam mais e ficavam com eles por mais tempo.

Reduzir o aborrecimento aumenta as vendas. Na área de entregas, por exemplo, diversas opções de velocidade e locais são disponibilizadas, como *Amazon Locker* (armários espalhados em diversos locais públicos, como postos de gasolina), *Hubs*, além das residências, empresas e hotéis.

Eles criaram o Botão *Dash*, que permite que uma compra seja feita com um simples toque. Com *Alexa*, a assistente de voz digital da *Amazon*, é possível incluir itens a uma lista de compras e, posteriormente, solicitar a entrega via voz.

Gostaria de compartilhar uma citação de Shep Hyken, sobre a conveniência que é, para alguns negócios, o diferencial competitivo:

> Existe uma razão pela qual as lojas de conveniência são chamadas de lojas de conveniência. Pense nisso. Elas são menores do que outros varejistas que possuem itens similares. Elas não são necessariamente o preço mais baixo. No entanto, de alguma forma, elas não apenas sobrevivem contra seus concorrentes maiores. Elas prosperam. Por quê? Porque são convenientes. Elas estão no bairro. Elas estão a caminho do trabalho ou do lado direito da rua. Elas não estão tão lotadas, então um cliente pode entrar e sair muito mais rápido. Para o que elas não têm na seleção de mercadoria, compensam em conveniência.

Nem sempre os consumidores querem engajamento ou uma experiência. Em boa parte das vezes, eles apenas querem fazer tudo o mais rápido e fácil possível.

O controle remoto, a máquina de lavar, o micro-ondas, a transmissão automotiva automática, a escada rolante, o

Inove ou morra!

elevador e a entrega domiciliar são exemplos de produtos e serviços que possuem como objetivo reduzir o esforço e salvar o tempo das pessoas.

Se analisarmos detalhadamente, veremos que convivemos com várias dessas inovações tecnológicas que permitem que as pessoas tenham mais tempo e capacidade de fazerem o que importa para elas. Ou seja, se socializar, se comunicar, se entreter, aprender, obter conforto e redução de esforço. Essa é a grande missão da conveniência de clientes.

Para melhor compreensão e facilidade na construção da sua nova proposta de valor, listo abaixo os tipos mais comuns de aplicações de conveniência que você usará como referência, mais à frente, na ferramenta de mapeamento das interações do cliente. Seguem elas:

• Localização: uma boa forma de redução de esforço e ganho de tempo ao disponibilizar produtos e serviços próximos ou "no caminho" do cliente;

• Portabilidade: itens que são fáceis de carregar reduzem o esforço de usufruto do produto;

• Pré-preparo: diz respeito a produtos com alguma etapa já preparada para reduzir o tempo e esforço de utilização, como comida pré-cozida;

• Usabilidade: coisas que são fáceis de usar, como o controle remoto de uma TV ou compras feitas por meio de um clique de um *e-commerce*, reduzem o esforço do usuário.

• Automação ou terceirização: todo tipo de equipamento, sistema computacional ou pessoa que executa uma operação por nós, reduzindo o nosso esforço. Máquina de lavar, transmissão automotiva automática, robôs e carros autônomos são bons exemplos de automação. Já as lavanderias, *dog walker* e serviço de entrega servem como exemplos de terceirização.

• Personalização: facilidade para personalizar o funcionamento (como em um condicionador de ar) ou participação em um serviço. O *Disney Experience* é um ótimo exemplo desse tipo de aplicação. Com o aplicativo instalado em seu *smartphone*, o cliente *Disney* pode visualizar o tempo de fila de cada atração, decidir o seu trajeto e agendar entradas sem fila (*fastpass*) para as atrações.

A capacidade de entregar o controle ao usuário traz a percepção de que ele tomará a melhor decisão para salvar tempo e reduzir o seu esforço. No final, cada um desses tipos de aplicações de conveniência resolve uma das três demandas listadas abaixo.

No processo de consultoria que prestamos a clientes, utilizamos uma ferramenta que chamamos de mapa da interação, que, após a identificação de cada tipo de conveniência desejada, determina a melhor aplicação para o produto central.

Lembre-se de que, se você tiver sucesso em entregar essas demandas, na forma das aplicações listadas anteriormente, terá alcançado o sucesso desejado.

As três demandas de conveniência são:

• Economia de tempo;

• Redução de esforço;

• Controle sobre a operação;

Posso garantir que, cada vez mais, a conveniência de economia de tempo, redução de esforço e obtenção de controle será mais crítica. Os consumidores de hoje são mais bem informados (ou "melhor aconselhados"), curiosos, impacientes e conectados.

Habilitadas pela tecnologia e com fácil acesso à informação, provavelmente as pessoas estão procrastinando mais seus planos, porque sabem que será possível executá-los com um planejamento de última hora.

Cresce a expectativa de acesso imediato às informações, produtos e serviços. No *Google*, o termo de busca *same day shipping* cresceu mais de 120% desde 2015, já que a população não está mais disposta a aguardar alguns dias até a chegada do pedido.

Inove ou morra!

Foi observado, inclusive, que o pico da busca do termo ocorre na primeira parte da manhã. As pessoas buscam nos seus dispositivos, com a expectativa de que possam encontrar um negócio que as ajude imediatamente.

Com o poder (o controle) nos seus bolsos, cada vez mais será exigido menos esforço e mais tempo livre para vidas cheias e ocupadas. Você terá duas opções: ou colabora com a expectativa ou em breve estará fora do jogo.

Resumo

• Após tantas e próximas revoluções digitais, todas as pessoas alteraram seus hábitos e comportamentos. Essas mudanças se intensificaram mais recentemente, ocasionando um hiato entre as expectativas dos novos consumidores e as propostas de valores das empresas.

• Os três componentes da experiência do cliente são: sucesso, esforço e emoção.

• Sem a conveniência adequada, de nada irá adiantar melhorar o pilar emocional da experiência.

• Ofereça a conveniência naquilo que as pessoas já possuem como expectativa. Não se preocupe em criar (inovar) uma nova forma, simplesmente entregue o que eles já requisitam.

• As demandas de conveniência são: economia de tempo, redução de esforço e controle sobre a operação.

Luiz Guimarães

As revoluções digitais ocorrem em ondas 3

Luiz Guimarães

As revoluções digitais se fundem com a própria história da computação. A IDC (*International Data Corporation*), empresa de inteligência de mercado, cunhou, baseada nas mudanças ocorridas das revoluções digitais, um modelo de plataforma computacional que se divide em três:

Termo do IDC	O que é
1ª plataforma	Era do *mainframe*: caracterizada como o início da computação.
2ª plataforma	Era do microcomputador: houve uma redução de porte e custo dos sistemas computacionais que agora estão em rede, com os sistemas executados no cliente (*desktop*) e no servidor (*data center* da empresa).
3ª plataforma	Era dos sistemas móveis, nuvem computacional e rede social: sistemas computacionais de bolso ou de acesso fácil e sob demanda em *data centers*, pela *Internet*.

As inovações tecnológicas, ao que parecem, definiram junto com elas modelos computacionais distintos. Nas plataformas, é possível encontrar desde caros equipamentos de cálculo especializado para necessidades militares, governamentais e de grandes corporações, até um modelo computacional acessível, "vestível" e ubíquo ao dia a dia das pessoas.

Para a TI, área responsável em desenvolvimento de *softwares* e sistemas, a distinção das revoluções digitais em plataformas faz toda a diferença. Contudo, para o contexto deste livro, o foco principal é entender como essas tecnologias modificaram nossos hábitos e expec-

Inove ou morra!

tativas em relação às nossas atividades diárias de resolver problemas de consumir, estudar, trabalhar, comunicar e entreter.

As revoluções digitais surgem por meio de ondas de inovação. É possível identificá-las, pois são caracterizadas por um conjunto de novidades em um mesmo período do tempo. Essa combinação possui a capacidade necessária para provocar mudanças profundas e pronunciadas na sociedade particular e jurídica, ao ponto de caracterizarmos o seu conjunto de revolução.

Para efeito deste livro, irei intercambiar os termos revolução digital e onda de inovação, que têm o mesmo conceito.

No passado, já tivemos duas grandes ondas de inovação. A primeira ocorreu entre as décadas de 40 e 60. A segunda, entre os anos 70 e 90. Neste exato momento, estamos na terceira onda de inovação digital.

No próximo capítulo, irei explanar rapidamente sobre a primeira onda de inovação, e detalhadamente sobre a segunda, para que você compreenda o contexto da reengenharia e como, a partir do final da década de 80, houve uma grande mudança na sociedade e nas empresas decorrentes dela.

Além disso, conhecer a segunda onda enriquecerá o entendimento do que estamos passando atualmente, já que, na realidade, as inovações são processos acumulativos de aperfeiçoamento.

Após a segunda onda, discorrerei, no capítulo 5, acerca da onda que estamos vivendo e por que nós estamos exatamente em um ponto importante dela. Irei tecer, em detalhes, explicação sobre as tecnologias que a compõe (capítulos 6 a 8), para que você entenda seus impactos e possa usufruir melhor delas a partir de agora.

Luiz Guimarães

Entendendo as fases de formação de uma onda digital
Para tentar prever o impacto da onda de inovação tecnológica em que estamos, gostaria de propor um jeito de "dissecá-la". De forma simplificada, podemos dividir a formação das ondas em fases previsíveis. A primeira refere-se ao processo de estudo/pesquisa de um determinado assunto. Já a última, sobre a sua utilização/adoção em larga escala, como produto por parte das pessoas/empresas. Para melhorar a clareza do conceito, chamarei esse conjunto de "fases de formação da onda", que são:
• Fase das descobertas (publicações) científicas;
• Fase do desenvolvimento dos primeiros produtos e infraestrutura, com adoção por entusiastas;
• Fase da maturação dos produtos e infraestrutura com forte expansão da adoção dos produtos e sua massificação comercial.

Quando me refiro à primeira fase, cito o período de lançamento e publicação da descoberta, e não o período de estudos combinados que levaram a descoberta científica em si. Pois esse é, normalmente, um longo, difuso e indeterminado tempo de empilhamento de estudos e colaboração acadêmica em universidades e centros de pesquisa (governamentais ou privados).

Inove ou morra!

Servem de base para outros novos estudos, até que se transformem em lançamentos científicos unos.

Após a publicação da descoberta, segue-se um período de implementação experimental de produtos (às vezes, protótipos) até lançamentos comerciais. Essas versões são pouco maduras ou comercialmente não adequadas, por questões de tamanho, custo, confiabilidade, baixa usabilidade ou falta de infraestrutura apropriada ao seu uso pleno.

Normalmente, esses produtos são abraçados por *early adopters* (entusiastas) e servem como base inicial para a melhoria da maturidade dos produtos, e para o desenvolvimento da cadeia ou infraestrutura necessária para utilização em larga escala.

Após "a prova de fogo" prática da tecnologia dos primeiros protótipos e versões comerciais, ela amadurece e forma uma infraestrutura mínima que permite a sua comercialização para além dos entusiastas. A partir desse momento, normalmente, ocorre uma luta por ganho de escala e definição de padrão industrial, em que as leis de mercado ditam o rumo dos acontecimentos. Ao obter sucesso, aquela descoberta científica em forma de produto se prolifera e muda os hábitos e expectativas das pessoas.

O detalhe importante ao qual gostaria que você se atentasse é o tempo médio necessário para a ocorrência de cada uma dessas fases. Em todas as ondas passadas, o período total de cada uma foi de três décadas, ocupando cada fase um terço do período, ou seja, aproximadamente uma década.

Luiz Guimarães

Aparentemente, o padrão ainda continua ativo na onda atual, visto que a década compreendida entre 2000 e 2010 fora claramente da fase de descobertas científicas, e a década seguinte, a da segunda fase. Dessa forma, se o padrão se mantiver, em poucos anos chegaremos à década em que se iniciará uma grande mudança social e, por consequência, um explosivo crescimento de mercado estará em vias de acontecer. Eu acredito nisso, mas recomendo a continuidade da leitura para que você possa tirar suas próprias conclusões. Vamos às ondas!

Resumo

• As revoluções digitais surgem por meio de ondas de inovação.

• Estamos na terceira onda de inovação digital, que iniciou na virada do milênio.

• A primeira onda de inovação digital compreendeu as décadas de 40 a 60.

• A segunda onda de inovação digital compreendeu as décadas de 70 a 90 e teve como expoente o surgimento do PC, rede de computadores locais, banco de dados relacional, ERP e *Internet*.

• Uma onda de inovação digital é dividida em três fases de formação: descobertas (publicações) científicas; desenvolvimento dos primeiros produtos e infraestrutura, com adoção por entusiastas; maturação dos produtos e infraestrutura com expansão da adoção de forma massificada.

• Nos encontramos, agora, no final da fase de desenvolvimento inicial e início da fase de maturação dos produtos da terceira onda de inovações digitais.

Luiz Guimarães

Desvendando a primeira e a segunda revolução digital 4

A primeira onda de inovação digital

Em 1936, o britânico Alan Turing publicou um trabalho de uma máquina teórica capaz de ler e gravar símbolos e que, por dedução lógica, poderia resolver qualquer problema. Nascia o conceito do computador.

Nos anos seguintes, vários pesquisadores provaram a implementação da lógica booleana em circuitos e utilização de *relays*. Na década de 40, ocorreu a revolução das calculadoras, os precursores dos computadores.

Contudo, até então, o que tínhamos eram calculadoras mecânicas e eletromecânicas fabricadas com *relays* e válvulas. Na década de 50, essas calculadoras evoluíram e se tornaram os primeiros computadores programáveis (de propósito geral) da história.

Inove ou morra!

A primeira linguagem de programação do mundo, o Fortran, foi lançada pela IBM, em 1954. Porém, a arquitetura dos primeiros protótipos de computadores nesta época impedia o seu uso além de centros governamentais, porque eles eram enormes (ocupavam várias salas), demasiadamente caros, pesados e não confiáveis.

Para resolver esses problemas, ainda nessa década, os transistores foram descobertos como componentes essenciais para criar circuitos eletrônicos complexos e confiáveis em substituição às válvulas, sendo o circuito integrado inventado nos laboratórios da Texas Instruments, em 1958.

O primeiro computador fabricado como conhecemos hoje nasceu na década de 60. Essa época foi a precursora dos *mainframes*, computadores centrais corporativos, utilizados por centros de pesquisa, centros militares e corporações para processamento de dados.

Vale ressaltar que, no geral, a interação com as máquinas não ocorria por teclado, mas por cartão perfurado. Mesmo não sendo para o mercado de consumo geral, os *mainframes* consolidaram-se como dispositivo essencial para o futuro das empresas e governos, tendo a IBM como principal protagonista, a qual chegou a ser detentora do monopólio do setor na década seguinte.

Para quem quiser vivenciar melhor o contexto da época, recomendo assistir ao filme *Estrelas além do tempo (Hidden figures)*, que retrata, por meio de uma história ocorrida na Agência Nacional Americana (NASA) atividades de arquivamento, validação, processamento e cálculos, antes feito por humanos.

A hegemonia do *mainframe*, símbolo da primeira revolução digital, só fora ameaçada três décadas depois, pela microcomputação, na fase de maturação dos produtos da segunda onda de inovação tecnológica.

A segunda onda de inovação digital: introdução

A segunda onda de inovação digital teve como expoente máximo a *Internet* e a microcomputação, que permitiu a computação pessoal e conectada.

Esta teve impacto profundo na vida em sociedade. Tão grande que, nos dias atuais, faz-se necessário um bom esforço mental para imaginar como era a vida das pessoas e empresas antes dela (sem *Internet* e computadores), situação que só quem nasceu antes da década de 80 viveu.

**Segunda onda de inovação digital:
fase de descobertas científicas**

Com base no processo de formação da onda, podemos observar que a década de 70 fora notoriamente a primeira fase, com o lançamento científico do *chip* de memória, dispositivo de armazenamento (disquete), padrão de rede local *Ethernet* e o protocolo de rede TCP/IP, que se tornaram, duas décadas depois, já na fase de maturação dos produtos, as tecnologias padrão de rede, respectivamente, corporativa e *Internet*.

O conceito base para a criação de computadores, desenvolvidos na onda passada, permitiu a fundação, nessa fase, das empresas que seriam protagonistas da nova era, entre elas a Intel, fabricante de microprocessadores, a *Microsoft*, desenvolvedora de *softwares* e a *Apple*, fabricante de microcomputadores.

Essas empresas foram as responsáveis pelo desenvolvimento científico, prototipação e massificação dos computadores de mesa, conectados e acessíveis às pequenas empresas e residenciais.

Para o ambiente corporativo, tivemos a descoberta do modelo de dados relacional (pesquisa do Dr. E. F. Codd), que tornou-se, posteriormente, o padrão para soluções de banco de dados que permitiu a criação dos sistemas de gestão ERP (_Enterprise Resource Planning_), na década de 80, e sua agressiva expansão, na década de 90.

Podemos dizer que o conceito do sistema ERP fora inspirado pelo seu precursor, chamado de MRP, que eram aplicações monolíticas (não divididas em módulos, como os ERPs) e customizadas (desenvolvidas sob demanda para cada cliente) para *mainframe*.

Inove ou morra!

A SAP, fundada nessa época, tinha somente o MRP como solução, no início da década de 70. Na segunda revolução digital, teve grande sucesso com o seu primeiro ERP na fase de maturação dos produtos, no início da década de 90.

Cabe a essa década, também, a concepção da primeira rede de longa distância, fundada e financiada pelo departamento de defesa norte americano. Essa rede serviu de inspiração e base para o surgimento da *Internet*, na década de 90.

Linha do tempo da fase de descobertas científicas: década de 70

Ano	Acontecimento
1968	Fundação da *Intel*.
1969	Acontece a primeira comunicação na rede militar de longa distância dos EUA, que se tornaria a "mãe da *Internet*".
1970	*Intel* lança o primeiro *chip* de memória volátil (DRAM).
1970	Publicada a pesquisa do Dr. E. F. Codd, sobre o modelo de dados relacional para grandes bancos de dados compartilhados.
1971	*Intel* lança o primeiro microprocessador comercial do mundo.
1971	Lançamento do primeiro disquete (possuía o tamanho de 8").
1972	Acontece a primeira comunicação internacional na rede militar dos EUA.

Luiz Guimarães

1972	Criada a linguagem de programação C, a mãe de todas as linguagens de programação de aplicações não comerciais.
1972	Fundada a empresa de sistemas de gestão *SAP*, na Alemanha.
1973	Desenvolvimento do padrão de rede local de computadores *Ethernet*.
1974	Especificado o protocolo de rede TCP/IP, que se tornaria, no futuro, o protocolo da *Internet*.
1975	Primeira versão comercial do sistema operacional *Unix* é vendida. O *Unix* se tornará a base do *Linux* e do *MacOS* da *Apple*.
1975	MRP consolida-se como aplicativo de negócio de gerenciamento de produção em *mainframes*.
1975	Lançado o computador pessoal *Altair 8800*, que se tornaria, futuramente, o primeiro computador de *hobby*, com sucesso comercial.
1976	Fundada a *Microsoft* e, um ano depois, a *Apple Computer*.
1976	Lançado o primeiro protótipo de microcomputador da *Apple*, o *Apple I*, que se tratava, na verdade, de uma placa eletrônica.
1977	Fundadas as empresas de sistemas de gestão, *JD Edwards* e, um ano depois, a *Baan*.
1979	Inventado o CD – *Compact Disc*.

Inove ou morra!

Segunda onda de inovação digital:
Fase de desenvolvimento dos primeiros produtos

A virada para a década de 80 caracterizou-se como o início do período de surgimento dos primeiros produtos (ou protótipos) que utilizavam as tecnologias desenvolvidas na fase anterior. Bem no seu início, ocorreu o desenvolvimento dos primeiros PCs (*Personal Computers*), com os lançamentos posteriores do *IBM/PC* e *Apple Lisa* – primeiros computadores com interface gráfica – e demais fabricantes, como *Atari, Altair, Commodore,* dentre outros.

Revista Time reconheceu o computador pessoal como "celebridade" do ano, em janeiro de 1983.

Pela primeira vez, o poder computacional estava acessível para qualquer pessoa. O PC fornecia aos escritórios, não só uma incrível capacidade de cálculo matemático, mas uma possibilidade de processamento de grandes volumes de dados, de forma espantosa. Simples atividades como datilografar um texto tornaram-se tarefas mais produtivas e elegantes, com os modelos salvos, fácil correção de erros e padrão de qualidade de impressão.

Em 1983, foi lançada a primeira versão do *Novell Netware*, o sistema operacional de rede que se tornaria, uma década depois, o produto padrão para conectar os computadores das empresas e escritórios em redes locais. (*LAN*, acrônimo para *Local Area Network*).

Luiz Guimarães

Computadores interligados permitiam uma visão unificada de toda a empresa, em oposição às ilhas departamentais. Arquivos podiam ser compartilhados, mensagens transmitidas e aplicativos utilizados em conjunto, com uma única versão da informação.

Ainda no início dessa década, fora lançado o banco de dados relacional da *Oracle*, o primeiro produto comercial deste tipo até então, sendo sua versão para microcomputadores em rede, disponibilizada alguns anos depois, em 1986. A disponibilização desse tipo de tecnologia proporcionaria o alicerce para o desenvolvimento de aplicativos integrados de negócio, ou seja, sistemas que poderiam informatizar todos os departamentos da empresa, com uma única versão centralizada e compartilhada dos dados.

O sistema gerenciador de banco de dados relacional forneceria um repositório de dados íntegros, confiáveis (em termos de corrupção de dados) e compartilhados via rede a todos os computadores da organização.

Devido a isso, nesse período, surgiram os primeiros sistemas de gestão, como produto modular, chamados de ERP; evolução natural dos MRP II que eram, em sua maioria, desenvolvidos para *mainframes* e muito focados na manufatura.

Com o ERP, não existia mais a necessidade de inclusão da mesma informação em diversos departamentos, pois, ao utilizar um sistema de banco de dados relacional, era possível o compartilhamento de uma única versão (registro) do fato, com todos.

Dezenas de funções profissionais para inserção, validação e correção das transações poderiam ser eliminadas, devido à automação. Com uma visão unificada, os relatórios operacionais e gerenciais poderiam ser emitidos instantaneamente, sem necessidade de construção e validação da verdade, ou seja, mais um monte de funções departamentais tornaram-se desnecessárias, só para citar alguns exemplos.

Nessa fase, a rede de dados militar de longa distância, dos EUA, se expandiu ao juntar-se com uma rede acadêmica que im-

Inove ou morra!

plementou uma infraestrutura de *backbones* (troncos de ligação de alta velocidade), que permitia conexões mais amplas e velozes a novos centros nos Estados Unidos, como de supercomputadores militares e educacionais. Apenas no final da década, mais precisamente em 1989, ocorreu a primeira conexão privada da rede.

Linha do tempo da fase de desenvolvimento dos primeiros produtos: década de 80

Ano	Acontecimento
1979	Lançamento da primeira versão do banco de dados relacional *Oracle*.
1979	Lançado o microcomputador *Commodore PET*.
1980	Lançado o *Microsoft MS-DOS*, sistema operacional padrão para *IBM PCs*.
1981	*IBM* lança seu primeiro computador pessoal, o *IBM-PC*.
1982	Criado o protocolo de troca de *e-mail* para TCP/IP.
1983	Lançada a primeira versão do *Novell Netware*, o sistema operacional de rede de computadores.
1983	A "mãe da *Internet*" começou a utilizar o protocolo TCP/IP.
1983	Lançada a primeira versão (não gráfica) do processador de texto *Microsoft Word* e da planilha eletrônica *Lotus 1-2-3*.
1983	O computador pessoal é a personalidade do ano na capa da Revista *Time*.

1984	*Apple* lança o *Macintosh*, o primeiro computador bem-sucedido com interface gráfica e *mouse*.
1985	Lançada a primeira versão do *Microsoft Windows*.
1986	Lançamento da primeira versão do banco de dados relacional *Oracle* em arquitetura cliente-servidor.
1986	A rede militar se expandiu com a junção de uma rede acadêmica, com a criação de infraestrutura de *backbone*.
1989	Primeira conexão privada na *Internet*.

Segunda onda de inovação digital: fase de maturação dos produtos

Para a década de 90, já se tinham as bases preparadas para uma grande expansão de massa daquela nova onda digital. Tecnologias testadas, produtos e soluções maduras, infraestrutura mínima para utilização dos produtos, como podemos citar:

• Microcomputadores servidores;

• Microcomputadores pessoais com custo acessível e interface amigável;

• Dispositivos e sistemas de rede que permitiam a conexão das máquinas em rede de computadores, possibilitando hospedar servidores em CPDs (Centros de Processamentos de Dados) e aplicações em computadores nas mesas de todos os departamentos de uma companhia;

• Havia sistemas de banco de dados relacionais cliente-servidor, que permitiam o desenvolvimento de sistemas, com um único repositório de dados para todas as áreas, rodando por meio de microcomputadores em rede;

Inove ou morra!

• Conceito de sistemas comerciais, modularizados e bancos de dados relacionais, os quais foram as bases para desenvolver um sistema único, com base de dados única e centralizada que poderia ser utilizada por toda a empresa, o que foi chamado de ERP.

• A *Internet* possuía interligações robustas e de alta velocidade, rodando com o protocolo de comunicação TCP/IP.

Essas condições permitiram a adoção das tecnologias a todos, oferecendo às pessoas uma nova capacidade de comunicação, criação, produtividade e entretenimento. Assim sendo,

> **é nessa última fase que se encontram as maiores oportunidades e mudanças, devido à enorme expansão e crescimento do mercado.**

Como exemplificação da expansão do consumo dessas tecnologias, em 1980 registrou-se apenas um milhão de unidades vendidas de PCs. Esse número subiu para 20 milhões, em 1990. Contudo, dez anos depois, no final da fase de maturação dos produtos, esse quantitativo já tinha pulado para 140 milhões de unidades comercializadas.

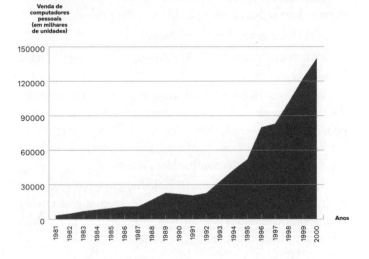

Luiz Guimarães

Como mostra o gráfico, é gritante a diferença em vendas de PCs entre a fase de desenvolvimento inicial da tecnologia (década de 80) e a fase de maturação (década de 90).

Com a desativação das restrições militares e governamentais na *Internet*, em meados de 1995, foram permitidos, além do uso comercial, investimentos privados sem restrições na rede. A *Internet* expandiu-se rapidamente por todo o mundo, saltando de aproximadamente 16 milhões de usuários, no final de 1995, para incríveis 401 milhões cinco anos depois em 2000. Isso a transformou no novo padrão de comunicação, acesso à informação e compartilhamento de conteúdo intelectual.

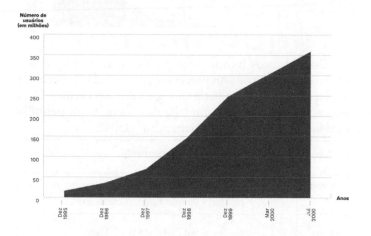

Os computadores de mesa, amigáveis e de baixo custo, as redes locais, a *Internet*, os sistemas de banco de dados relacional e o conceito de aplicação de negócio modular fizeram surgir uma nova arquitetura que prometia interligar a empresa em visões de processos fim a fim.

Os sistemas de gestão, os chamados ERPs, que possuíam como protagonista principal o SAP R/3, lançado em 1992, tiveram grande popularidade em grandes corporações, prin-

Inove ou morra!

cipalmente na última metade daquela década, com gradativa adoção a médias e pequenas empresas na década seguinte, conforme seu custo de implantação reduzia.

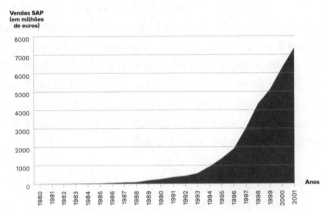

Esses avanços tecnológicos pressionaram as empresas a uma reengenharia de seus processos, provocando um repensar total na forma de trabalhar e entregar valor aos clientes. Com isso, as empresas tiveram um salto de eficiência, que permitiu uma forte expansão em escala mundial (globalização).

Ano	Acontecimento
1990	As restrições governamentais e militares da *Internet* são desativadas.
1991	Inventada a *World Wide Web*.
1992	Registrou-se 20 milhões em vendas de *PCs* neste ano.
1992	Lançamento do *ERP SAP R/3*.
1994	Início da *Internet* comercial.
1995	A *Embratel* disponibiliza *Internet* comercialmente no Brasil, via linha discada.

1995	16 milhões de pessoas conectadas na *Internet*.
1996	Fundado o serviço de *e-mail* gratuito *Hotmail*.
1996	Registrou-se 80 milhões em vendas de PCs neste ano.
1998	A *SAP* aumenta seu faturamento em 10x em seis anos, desde o lançamento do R/3.
1998	*Apple* lança o *iMac* e a *Microsoft* o *Windows 98*.
1999	Registrou-se 120 milhões em vendas de PCs neste ano.
2000	401 milhões de pessoas conectadas na *Internet*.

Linha do tempo da fase de maturação dos produtos década de 90

Resumo da segunda onda de inovação digital

O período entre as décadas de 70 e 90 foi ímpar na história mundial moderna. A microcomputação e a *Internet* tiveram impactos tão profundos nas pessoas e empresas, que os mais jovens não conseguiriam imaginar uma outra forma de mundo.

Ficou claro que, de forma similar à primeira onda, a segunda também pôde ser dividida em três fases, como propus. Além disso, mostrei que a força da mudança é mais forte quando há o aumento de energias e oportunidades que se alinham ao mesmo tempo, ou seja, quando duas ou mais inovações são criadas juntas e se potencializam para criar uma terceira ou quarta.

A *Internet*, sem os computadores pessoais e a interface gráfica, não se tornaria a *Internet*. Da mesma forma, o ERP não existiria se não fossem as redes locais, o banco de dados relacional e os microcomputadores.

Inove ou morra!

Possivelmente, os microcomputadores não teriam tamanha expansão se não fossem puxados pelos ERPs e a *Internet*. Enfim, o caso clássico de forças combinadas que provocam uma grande mudança.

O contexto de grande mudança durante essas três décadas forjou a necessidade de uma revolução nos negócios, na década de 90, que foi chamada de Reengenharia dos processos de negócio. A questão que trago como provocação é:

1 - E se houver outra grande onda de mudança tecnológica que possa provocar outra revolução, como a que ocorreu no período passado?

2 - E, caso estejamos em outra onda, em que fase especificamente estamos? Na primeira, dos conceitos e estudos, na segunda, dos protótipos e desenvolvimento, ou na terceira, no início da sua adoção em massa no mercado?

Isto é o que pretendo responder nos próximos capítulos.

Resumo

• A primeira onda de inovação digital (primeira revolução digital) compreendeu as décadas de 40 a 60. Teve como marco a criação do computador.

• Na fase de descobertas científicas, na década de 40, foram publicados os primeiros conceitos de como construir máquinas, utilizando componentes eletrônicos, para processar e apresentar informações por meio de dados fornecidos como entrada. Inicialmente, esses conceitos foram testados com sucesso em máquinas com funções de processamento predefinidas para cálculos. Depois, na década seguinte, em máquinas com funções de processamento programáveis, ou seja, que pudessem processar o que o operador desejasse.

• Na fase de desenvolvimento dos primeiros protótipos, na década de 50, foram desenvolvidos os alicerces que permitiriam a difusão da era computacional, como a primeira linguagem de programação, em 1954, e o circuito integrado, em 1958.

Luiz Guimarães

• Na fase de maturação dos produtos e expansão do mercado, na década de 60, os *mainframes* se tornaram produtos viáveis e utilizados por grandes empresas, centros governamentais e de pesquisa, criando o marco da utilização dos computadores na vida moderna.

• A segunda onda de inovação digital (segunda revolução digital) compreendeu as décadas de 70 a 90. Teve como marco a criação do computador pessoal e da computação em rede.

• Na fase de descobertas científicas, na década de 70, foram criados os primeiros componentes físicos e lógicos que permitiriam o desenvolvimento de computadores menores e conectados. Como exemplo, é possível mencionar o microprocessador, o *chip* de memória, dispositivos de armazenamento, padrões de rede local e o protocolo de comunicação para redes de longa distância.

• Na fase de desenvolvimento dos primeiros protótipos, na década de 80, foram desenvolvidos os produtos que fizeram a alegria dos entusiastas, como os primeiros computadores pessoais, os primeiros sistemas de rede de computação, os primeiros sistemas de banco de dados, os primeiros sistemas de gestão empresariais e as primeiras comunicações privadas do que se tornaria a *Internet*.

• Na fase de maturação dos produtos e expansão do mercado se encontram as maiores oportunidades e mudanças, devido à enorme expansão e crescimento do mercado.

• Na década de 90, no período de maturação dos produtos e expansão do mercado, houve uma explosão de vendas e adoção das tecnologias, como no caso dos *PCs*, que cresceram. Passaram de 20 milhões de unidades vendidas por ano, no início da década de 90, para 140 milhões de unidades vendidas no final da mesma década.

• No caso da *Internet*, a quantidade de usuários conectados saltou de aproximadamente 16 milhões de usuários, no final de 1995, para incríveis 401 milhões de usuários, cinco anos depois, em 2000. Tornou-se o novo padrão de comunicação, acesso à informação e compartilhamento de conteúdo intelectual.

Luiz Guimarães

A terceira revolução digital 5

Bem-vindo a 1988

Não! Não estamos em 1988, cronologicamente falando. Contudo, quero mostrar que, em termos de "fases de formação da onda", 2018 é o equivalente àquele ano da década de 80. Detalharei um pouco mais à frente para que você entenda melhor o que quero dizer.

No contexto digital, como você já viu, tivemos, no passado, duas grandes ondas de inovação. A primeira, entre as décadas de 40 e 60, e a segunda, entre as décadas de 70 e 90. Neste exato momento, estamos na terceira onda de inovação digital. Mais precisamente, no meio dela, como 1988 estava no meio da segunda onda.

Inove ou morra!

Acredito que 2018 representa a mesma coisa para a terceira onda de inovação digital. Aja, a hora é agora! Você está frente a uma grande oportunidade, pois, como visto, momentos assim surgiram apenas a cada 25 ou 30 anos.

A terceira onda de inovação digital
Bill Gates, o homem mais rico do mundo, por vários anos, falou em entrevista à revista *Forbes* como abandonou a carreira universitária, em 1975, para fundar a *Microsoft*, ao perceber, lendo uma matéria sobre o lançamento do computador *Altair 8800*, que uma nova revolução tecnologia estava para se concretizar. Na mesma ocasião, ele ponderou sobre sua visão do futuro:

> Os próximos 100 anos criarão ainda mais oportunidades assim. Porque é tão fácil para alguém com uma ótima ideia compartilhá-lo com o mundo em um instante, o ritmo da inovação está acelerando – e isso abre mais áreas do que nunca para a exploração. Acabamos de começar a aproveitar a capacidade da inteligência artificial para ajudar as pessoas a serem mais produtivas e criativas. As biociências estão cheias de perspectivas para ajudar as pessoas a viverem vidas mais longas e saudáveis. Grandes avanços em energia limpa tornarão mais acessível e disponível o que combaterá a pobreza e nos ajudará a evitar os piores efeitos das mudanças climáticas.

Mesmo que você não consiga explicar do que se trata a terceira onda de inovação digital, muito provavelmente você já a sente. Redes sociais e colaborativas na *web*, comunicação mundial simples e barata, conectividade móvel e em qualquer lugar, com acesso imediato a qualquer informação. Dispositivos ubíquos e inteligentes que controlam sua casa, dispositivos vestíveis, carros que dirigem só e realidade virtual são alguns exemplos de itens possíveis de seu cotidiano, que remetem a essa onda.

E, se você já sente a terceira onda, isso é prova cabal de que ela já está aí! No entanto, em relação às fases, onde ela se encontra? Posso garantir que a fase de descobertas científicas já aconteceu, e que a terceira, de maturação e massificação dos produtos ainda não, pois, de outra forma, se essas tecnologias já tivessem sido massificadas (terceira fase), muito provavelmente você já saberia explicar com precisão do que se tratam.

Colaborando com isso, muitas inovações ainda podem ser consideradas protótipos, produtos de entusiastas (ou nichos) ou versões ainda não maduras das tecnologias. Tome como exemplo o carro autônomo. A indústria definiu níveis de automação, indo do zero, sem automação, até o 5, 100% autônomo.

O primeiro carro com o nível 3 foi lançado comercialmente recentemente, em 2017. O nível 3 de autonomia representa uma autonomia condicional, ou seja, o carro é capaz de acelerar, frear, controlar a direção e monitorar os arredores do carro, mas exige um motorista, porque, em caso de falha, é preciso assumir o controle.

Então, seguindo a mesma lógica das outras duas ondas de inovação digital, a terceira também é rica em novidades que irei descrever resumidamente agora, e detalhadamente nos próximos capítulos. Você, leitor, poderá decidir se o conjunto delas não as tornam fortes o suficiente para transformar, de forma pronunciada, a nossa sociedade, mais uma vez. Da minha parte, não tenho dúvidas do seu impacto, e espero que você se abasteça e se inspire nelas, lendo mais detalhes neste livro.

Na terceira onda, além de novas descobertas tecnológicas, conseguimos desenvolver novas formas de fazer coisas antigas mais simples, menores e acessíveis. Contudo, ainda mais importante do que novas descobertas, foi a retirada de entraves que impediam o sucesso de descobertas antigas, como no caso da Inteligência Artificial.

Inove ou morra!

Citando ainda este exemplo, a IA, uma disciplina batizada na primeira onda, em meados da década de 50, foi quase ridicularizada durante a segunda onda, por nunca ter tido a capacidade de entregar o que prometera os cientistas. Contudo, agora, ao descobrir novas possibilidades para superar obstáculos tecnológicos antes impossíveis de serem resolvidos, a IA ressurge na terceira onda, mudando toda a regra do jogo.

Acredito que o intrincado mapa de desenvolvimento de inovações seja uma combinação oportuna de ideias que não seriam possíveis de ocorrer, pelo menos em sua maioria, de forma isolada ou por sorte. Seguindo a cadeia de acontecimentos, percebemos que as ligações foram fundamentais para o desenrolar dos fatos ocorridos e que, talvez por isso, as grandes revoluções sempre aconteçam em fases frequentes, mas espaçadas (contudo, cada vez mais próximos).

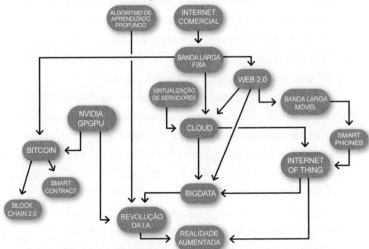

Na primeira década da terceira onda, vimos o surgimento das soluções que permitiriam o desenvolvimento de novos conceitos e dos primeiros protótipos da década seguinte (já na fase de desenvolvimento dos primeiros produtos).

Linha do tempo da fase de descobertas científicas: década de 2000

Ano	Acontecimento
2001	Telefonia celular 3G.
2002	Virtualização de servidores.
2002	Banda larga.
2003	Primeiras ideias de utilizar processadores gráficos (GPU), para processar algoritmos de propósito geral (GPGPU).
2003	*Machine Learning Random Forest.*
2004	Cunhado o termo *Web* 2.0.
2004	Sistema de posicionamento global – GPS.
2004	*Machine Learning* LSTM Vetor.
2005	Um veículo autônomo completa o desafio da *Darpa*.
2006	Surgimento do *Cloud Computing*.
2006	Lançado o *Hadoop* 0.1.0.
2007	Lançado o primeiro *iPhone*.
2007	Anunciado a plataforma de desenvolvimento de propósito geral em *GPU Nvidia CUDA*.
2007	Criado o banco de imagens *ImageNet*.

Inove ou morra!

2008	Inaugurada a loja de aplicativos *Apple Store*.
2008	Satoshi Nakamoto publica o *paper* que trata da ideia do *bitcoin* e *blockchain*.
2009	Primeiro concurso de reconhecimento de imagem por máquinas.

Na virada da década de 2000 para 2010, começaram a surgir os primeiros produtos de mercado, trazendo as primeiras características dessas novas tecnologias.

Linha do tempo da fase de desenvolvimentos dos primeiros produtos: década de 2010

Ano	Acontecimento
2010	Primeiro projeto público da *Google*, de Inteligência Artificial para reconhecimento de imagens.
2011	*Microsoft* divulga soluções de reconhecimento de voz, o *voice search*, para *Bing* e Xbox *voice commands*.
2011	*Apple* introduz o *Siri*, sistema de reconhecimento de voz para *iPhones*.
2011	*IBM Watson* ganha o Programa *Jeopardy*!
2014	*Amazon* lança o *Amazon Echo*, com *Alexa*, um assistente caseiro virtual, por reconhecimento de voz.
2014	Lançados os primeiros carros de produção com funcionalidades de direção autônomas, como piloto automático adaptativo e capacidade de se manter em uma faixa.

Luiz Guimarães

2015	Pela primeira vez, um algoritmo de *Deep Learning* supera o homem em reconhecimento de imagens.
2016	*Google AlphaGo* vence o campeão mundial de *Go* por 4x1.

Todavia, o que vemos hoje não se comparará, de forma alguma, com o que será visto no futuro próximo, nem em capacidades, nem em quantidade e qualidade de características, custos ou escala de adoção.

Vimos que a fase de maturação e massificação dos produtos da segunda onda, ocorrida da década de 90, foi marcada por um grande crescimento, resultando em uma profunda mudança social e empresarial. Mas, por que, então, essa terceira revolução digital seria mais impactante do que a anterior? Porque essa é maior!

Como exemplo, se analisarmos só por um aspecto, identificaremos que o conjunto resultante das inovações da segunda onda digital pode ser resumido em somente cinco grupos de inovação, como vimos: microcomputador, rede de computadores, banco de dados relacional, ERPs e a Internet.

Sabendo que a segunda onda foi um grande divisor de águas da nossa sociedade, com cinco grupos de inovação, o que você dirá a respeito da terceira onda de inovação que possui dez grupos de inovação (o dobro)?

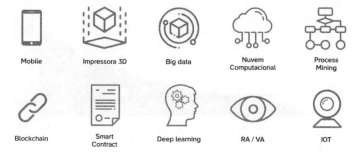

Inove ou morra!

Some-se a isso, o acúmulo da adoção e avanço da segunda onda, que ainda está em curso. A *Internet*, uma inovação da segunda onda, continua em expansão e ainda está longe de sua plenitude. Mesmo com um crescimento estrondoso, como vimos no gráfico do capítulo anterior, ele não é nada, se analisarmos números de sua evolução até os momentos atuais.

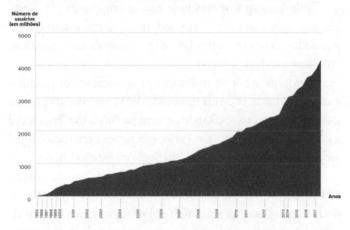

Contudo, somente um pouco mais da metade da população atual possui acesso à grande rede mundial.

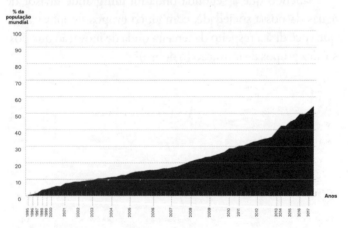

Luiz Guimarães

Os dispositivos móveis inteligentes (*smartphones*) foram, em grande parte, os responsáveis pela grande expansão (e inclusão) do acesso à *Internet*, já que conseguiram, em apenas quatro anos, a mesma quantidade de usuários que os computadores de mesa demoram 11 anos para alcançar, ou seja, 1 bilhão de novos usuários.

Observando o próximo gráfico, percebe-se que, a partir de 2007, quando surgiu o primeiro *smartphone* de uso geral, os números de unidades vendidas desses aparelhos cresceram de forma espantosa, principalmente entre 2010 e 2013.

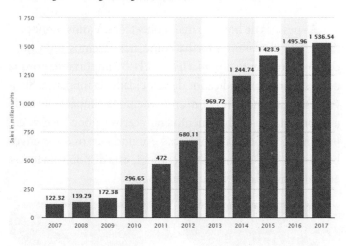

© Statista 2018

Para colaborar com a tese de grande expansão da próxima fase dessa terceira onda, temos o aparecimento de fatores aceleradores de inovação, que facilitaram a popularização de recursos e tecnologias computacionais a todos, como na nuvem pública computacional, como bem explicado no relatório do fórum econômico mundial:

> A democratização da tecnologia (impulsionada por seu custo de queda), o aumento do acesso a fundos e a crescente cultura empreendedora significa que agora existem centenas de *startups* atacando os mercados

Inove ou morra!

tradicionais. *Uber, Twitch, Tesla, Hired, Clinkle,* além de *Verbal, Vayable, GitHub, WhatsApp, Airbnb, Matternet, Snapchat, Homejoy, Waze* e a lista continua. Essas *startups* estão alcançando escala muito mais rápida do que as empresas analógicas. Considerando que a empresa média da *Fortune* 500 levou 20 anos para alcançar uma capitalização de mercado de US$ 1 bilhão, A *Google* conseguiu em oito anos, e casos como o do *Uber, Snapchat* e *Xiaomi* em três anos ou menos.

As pessoas de hoje são mais conectadas. Vimos surgir produtos que mudaram a forma como nós fazemos tudo hoje, como o surgimento dos *smartphones*. Isso é importante, porque pode ser um bom indicador de velocidade da mudança. Se tivemos, na segunda onda, um crescimento tão impactante onde a tecnologia e o conhecimento eram caros e pouco acessíveis, imagine agora onde a informação é abundante, os dispositivos baratos e o acesso a mais alta tecnologia está disponível a todos, em algumas situações, até gratuitamente.

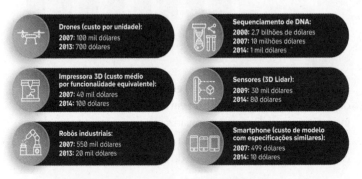

Isso pode ser caracterizado como uma condição perfeita, em que de um lado temos uma grande demanda por parte dos novos consumidores (incluindo as novas gerações), via um canal constituído de banda larga de *Internet*, redes sociais e mobilidade. Do outro lado, temos uma rica e poderosa oferta de tecnologias e produtos por meio de um canal de oferta fácil e acessível via nuvem computacional e impressoras 3D.

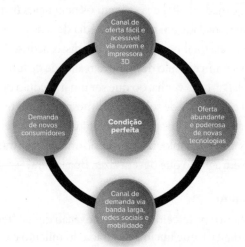

De um jeito ou de outro, essas tecnologias estão no mercado, algumas até como produtos maduros, mas ainda restritos a alguns mercados (*Amazon Alexa*), segmentos (Criptomoedas) ou poder aquisitivo (Impressoras 3D). Outros ainda em fase de teste (*Amazon Go* e *Google Glass*), e alguns em versões, por enquanto, aquém de suas possibilidades plenas, como, por exemplo, os carros autônomos.

Com a velocidade das mudanças e inovações, estamos prestes a entrar na fase de massificação, em que teremos toda uma nova realidade social e empresarial alterada por uma disposição de infraestrutura adequada (como a telefonia de dados 5G), com tecnologias maduras e de custo acessível a grande parte da população.

O *Bitcoin*, por exemplo, mesmo sendo um produto não popular, saltou de menos de 100 transações diárias, em 2010, para um pico de quase 500 mil, em 2017. A visão dos próximos dez anos será com-

Inove ou morra!

pletamente diferente. Não se comporte como alguns gigantes da indústria que fizeram pouco caso da *Internet*, em 1988, e se deram mal.

Muito pelo contrário, faça como as empresas que já iniciaram sua jornada digital e já colhem os benefícios de maior receita e lucratividade em relação à média de seus pares. Mesmo que não esteja totalmente convencido disso, aconselharia você a decidir ser um crédulo dessa nova realidade de futuro e prosperar a ela, caso ela venha, do que ser um incrédulo do futuro e não ter a capacidade de sobreviver a mesma. E caso tenha escolhido ser o crédulo, nos próximos capítulos detalharei mais sobre essas novas tecnologias e, posteriormente, mostrarei como você deverá agir e o que deverá fazer. Boa leitura!

Resumo

• Estamos na terceira onda de inovação digital (terceira revolução digital), que iniciou na virada do milênio e tem como marco a computação móvel, social, inteligente e acessível.

• Nos encontramos agora entre duas fases, ou seja, no final da fase de desenvolvimento dos primeiros protótipos e início da fase de maturação dos produtos e expansão do mercado.

• Na fase de descobertas científicas, na década de 2000, foram criadas as bases que permitiriam a computação móvel, social, inteligente e acessível, como a virtualização de servidores, telefonia 3G, computação de alto desempenho por meio da computação gráfica, as bases do *big data* e trabalhos revolucionários na área de Inteligência Artificial.

• Na fase de desenvolvimento dos primeiros protótipos, na década de 2010, foram desenvolvidos os primeiros produtos com recursos de reconhecimento de imagem e voz, carros com funções autônomas e sistemas inteligentes capazes de ganhar de campeões humanos, como no caso do jogo *Go*. Também tivemos a consolidação da infraestrutura de comunicação de banda larga 3G e 4G e avanços nos *smartphones*.

Luiz Guimarães

• É esperada uma adoção massificada de produtos ainda maior nessa terceira revolução digital, em comparação a segunda, devido a:

• Maior quantidade de inovações (dez ao invés de cinco);

• A continuidade do crescimento advindo da segunda onda de inovação, como a expansão da *Internet*, por exemplo;

• A condição perfeita de mercado atual com: grande demanda provocada por um longo período de acesso digital, que forjaram pessoas analógicas em digitais, além do surgimento dos nativos digitais;

• Um ótimo canal de demanda por banda larga, redes sociais e mobilidade;

• Uma oferta sem precedentes de tecnologias;

• Por meio de um canal de ofertas que, pela primeira vez, tornam as tecnologias acessíveis a todos, pela nuvem computacional e, no futuro, por impressoras 3D;

• As principais inovações da terceira onda são:

• Mobilidade com *smartphones*;

• A nuvem computacional;

• A *Internet* das coisas;

• *Big data*;

• Inteligência artificial;

• *Blockchain*;

• *Smart contracts*;

• Realidade aumentada;

• Impressora 3D;

• *Process Mining*;

Luiz Guimarães

Desmistificando a computação em nuvem, IOT e Big Data 6

Computação em nuvem

Normalmente, é dito que quando algo está na *Internet*, está na nuvem. Essa é uma confusão corriqueira, já que a computação em nuvem precisa estar acessível pela *Internet*. Os dois termos são caracterizados como coisas bem diferentes.

Computação em nuvem é um conceito de prestação de serviço, uma nova forma ou modelo de entrega computacional. A ideia desse novo modelo é permitir uma forma mais econômica, ágil e racional de consumo de recursos computacionais, diferentemente do modelo preexistente de aquisição e posse de *hardware* e *software*.

Inove ou morra!

O *Cloud Computing* parte do princípio de que os recursos computacionais deveriam ser consumidos de forma simples, sob demanda, sem compromisso prévio de capacidade contratada. Seria algo semelhante ao modelo de consumo da energia elétrica doméstica, já que ela sempre está disponível na tomada, aparentemente de forma infinita (mesmo não sendo), de forma simples (não precisamos entender as complexas questões técnicas de geração, transmissão e distribuição) e contratada sob demanda no modelo "pague somente pelo o que consumiu".

Esse modelo foi possível devido ao advento da criação, no início dos anos 2000, de uma tecnologia que revolucionou os *data centers* por meio do encapsulamento de servidores e aplicações como *software*, chamado de virtualização de servidores.

Quando falamos de nuvem computacional, normalmente nos referimos à nuvem pública, mas, como modelo de entrega de serviços computacionais, a nuvem também pode ser uma arquitetura adotada internamente pela TI das empresas.

Muito provavelmente, o modelo dominante será de utilização mista do conceito, ou seja, uma nuvem híbrida que possibilita parte da oferta de serviços computacionais ser feita internamente pela própria empresa e outra externamente, por um provedor de nuvem pública, como *Amazon AWS*, *Microsoft Azure*, *Oracle Cloud* etc.

O primeiro provedor de nuvem pública do mundo foi a *Amazon*, como resposta a um desafio de Jeff Bezos, seu fundador, à equipe de TI da empresa. As primeiras ofertas de serviços foram recursos computacionais fundamentais e depois se estendeu a uma abrangente oferta de infraestrutura, plataforma e *software* como serviço.

Atualmente, dezenas de provedores de nuvem e serviços competem no mercado, ofertando tecnologias avançadas de inteligência artificial, *big data*, realidade virtual, realidade aumentada, *analitycs*, *Internet das Coisas* (IOT), desenvolvimento de jogos e muitos outros recursos.

Luiz Guimarães

A nuvem pública computacional quebra o modelo tradicional em vários aspectos:

1 - Muda o sistema de comercialização de produtos para a prestação de serviços. A tecnologia deixa de ser posse instalada internamente na empresa, para ser uso. Já o que era investimento passa a ser despesa operacional. O recurso desejado é ofertado como serviço sob demanda, em um modelo de compartilhamento que reduz o custo para todos e permite acesso ilimitado a tecnologias que, anteriormente, eram restritas por exigirem alto investimento de aquisição. De forma análoga ao *Uber*, para que possuir um carro, se posso obter o transporte (serviço) sob demanda, quando e onde preciso?

2 - Muda a cadeia de fornecimento. O fabricante de tecnologia, que antes produzia para o consumidor final, passou a produzir para o provedor de nuvem que, por sua vez, oferta a solução como serviço. Do ponto de vista do fabricante, a capilaridade de consumidores é reduzida substancialmente, com uma grande concentração em poucos grandes clientes.

3 - Muda o processo de compra, que anteriormente exigia, além da aquisição da aplicação, toda a infraestrutura necessária para a sua execução adequada, e agora exige somente a mensalidade de uso da aplicação como serviço. O desenvolvedor de *software*, que antes só se responsabilizava pelo seu serviço, agora entrega (e cobra) toda a infraestrutura e pessoal de operação necessário para o funcionamento adequado do *software*. As vantagens por assumir maiores responsabilidades estão nas simplificações da manutenção do sistema, que antes eram feitas em diversas versões instaladas nos clientes, para somente uma.

Com o surgimento da nuvem pública computacional, foi possível que qualquer um tenha acesso aos mesmos recursos ou capacidades disponíveis em qualquer grande *data center* do planeta. Para isso, basta ter um cartão de crédito.

Inove ou morra!

A nuvem pública é democrática, pois não discrimina o consumidor pelo seu porte econômico, já que a mesma tecnologia está disponível tanto para o grande consumidor, com uma fatura de milhares de reais ao mês ao provedor de serviço de nuvem, como ao estudante, de fatura de poucas dezenas de reais.

O modelo é disruptivo, já que o custo de entrada é mínimo e, às vezes, gratuito. Para alguns serviços, a lógica econômica é inversa, ou seja, paga quem usa muito e não paga nada quem usa pouco. Desta forma, a nuvem pública computacional facilita a vinda de novos entrantes, quando reduz a barreira de capacitação técnica e de capital financeiro necessário para se ter acesso a tecnologias de ponta e capacidade computacional.

Ela democratizou o acesso a soluções digitais, que antes só estavam disponíveis a grandes corporações que podiam investir vários milhões de dólares, e que agora são acessíveis a qualquer empreendedor em seu quarto ou garagem. O impacto dessa oferta é avassalador ao permitir a proliferação de novas empresas (*startups*) e produtos, frutos da facilidade em criar e inovar.

Neste exato momento, não fazemos ideia do que está sendo desenvolvido mundo afora por meio do acesso fácil e democrático às tecnologias dos provedores de nuvem. A qualquer momento, o seu novo concorrente, fornecedor ou parceiro pode surgir, graças a esse modelo de TI revolucionário.

IOT

IOT é o acrônimo para o termo **Internet Of Things** ou *Internet das Coisas*. *Internet* é um termo comum para todos. Uma rede mundial que conecta pessoas a pessoas, conteúdo e empresas. Mas, por que agora ela está sendo referenciada como das "coisas"?

Podemos analisar isso da seguinte forma. No início, ela interligava computadores, contudo, os computadores nada mais eram do que dispositivos que esperavam comandos das pessoas, ou seja, na verdade, só havia conexão de pessoas por meio de computadores.

Luiz Guimarães

Se ela conectava pessoas, então era limitada a quantidade de interligações e taxa de uso na rede, visto que os computadores não transacionavam entre si, somente por meio de pessoas.

Contudo, e se, além de pessoas, conectarmos dispositivos que transacionam e se comunicam uns com os outros? Esses poderiam ser os mais diversos: vestíveis, como relógios; assistentes, aparelhos médicos, óculos, tênis, além, é claro, do telefone móvel.

Poderíamos ter alguns dispositivos em nossas casas, como a campainha da porta, a babá eletrônica, o sistema interno de câmeras, a geladeira, o forno tradicional, o micro-ondas, assistentes virtuais, alarmes de incêndio, sistema de aquecimento e condicionamento de ar, sensores de qualidade de ar etc. Nossos carros também poderiam ter dispositivos interligados, como um monitoramento de roubo, sistema de emergência e GPS.

Como pode ver, quando nos referimos às coisas, a quantidade de conexões à rede ultrapassa a quantidade de pessoas. Além disso, se esses dispositivos fornecessem fluxo contínuo de dados de estado e/ou uso, além da habilidade de transacionar por conta própria, a taxa de utilização da rede não seria mais medida por banda/usuário, mas banda/dispositivo.

A conexão ativa, ao invés da passiva é uma realidade dos componentes IOT. Para uma concessionária de água, ter um hidrômetro interligado, que informe o consumo em tempo real de cada residência ou estabelecimento comercial, aumentaria a qualidade, reduziria o custo e o tempo de bilhetagem, além de permitir a melhora da gerência de distribuição com acesso à informação.

E se, ao detectar a falta de leite, nossa geladeira fizesse o pedido automático ao mercado? Isso economizaria o nosso tempo e esforço. Da mesma forma que o nosso carro poderia fazer, ao pagar pelo estacionamento e pelo combustível no posto, via *wi-fi*.

O termo é atribuído a Kevin Ashton, em um trabalho publicado pelo MIT, em 2001, a respeito de uma proposta de

Inove ou morra!

identificação única dos objetos para obter vantagem sobre a infraestrutura de *Internet* existente. Contudo, segundo a *Cisco*, líder mundial em redes de computadores, o IOT só virou realidade em 2009, quando a quantidade de dispositivos na rede ultrapassou a quantidade de pessoas conectadas.

"As coisas" proliferaram-se rapidamente por meio de vários dispositivos em casas, automóveis e pessoas, como o *smartphone* do seu bolso. O aplicativo *Waze* é um exemplo. Milhares de sensores espalhados pelas vias de tráfego de uma cidade, coletando informações de trânsito e congestionamento, a fim de prescrever uma melhor rota para se chegar de um ponto a outro.

A previsão, segundo a empresa de redes, é de que até 2020, tenhamos 7,6 bilhões de pessoas conectadas à *Internet* e, aproximadamente, 50 bilhões de dispositivos.

Não há dúvidas de que o IOT é um conceito rico em oportunidades para as empresas. Pode ser utilizado como fonte diferenciadora em diversos segmentos de indústria, como o logístico (localização, qualidade da carga, desempenho do motorista etc.), industrial (cada equipamento controlado e monitorado na manufatura), médico (cada paciente ou centro intensivo monitorado e analisado automaticamente), de distribuição, de agronegócio, de cidades inteligentes, militar etc.

Finalizo com a afirmação de Dave Evens, do *Cisco Internet Business Solutions Group* (IBSG), para a sua própria reflexão:

> A IOT (*Internet of Things*, Internet das coisas), algumas vezes referida como a *Internet* dos objetos, mudará tudo, inclusive nós mesmos. Isso pode parecer uma declaração arrojada, mas considere o impacto que a *Internet* já teve na educação, na comunicação, nos negócios, na ciência, no governo e na humanidade. Claramente, a *Internet* é uma das criações mais importantes e po-

Luiz Guimarães

derosas de toda a história humana. Agora, considere que a IOT representa a próxima evolução da *Internet*, dando um grande salto na capacidade de coletar, analisar e distribuir dados que nós podemos transformar em informações, conhecimento e, por fim, sabedoria. Nesse contexto, a IOT se torna bem importante.

Big data

O foco do *big data* está nos dados. O dado sempre fora visto como um ativo importante e, desde os primórdios da civilização, formas e alternativas foram buscadas para armazenar e processá-lo. O dado proporciona informação que pode gerar conhecimento e sabedoria. Conhecimento e sabedoria podem proporcionar descobertas, vantagens, riquezas e poder.

Só que o dado sempre cresce. E sempre buscamos formas de lidar com esse crescimento. A própria informática surgiu por causa dos dados, pois ela é a ciência que estuda formas de coletar, processar, armazenar, transportar e exibir dados. Contudo, nos últimos anos, a taxa de criação dos dados cresceu sem precedentes na história humana. Daí o novo termo, *big*!

O *big data* é o termo atribuído a conjuntos de dados tão volumosos e complexos que os aplicativos tradicionais de processamento de dados são inadequados para lidar com eles. Os desafios do *big data* incluem a captura, armazenamento, análise, pesquisa, compartilhamento, transferência, visualização, consulta, atualização, privacidade de informações e fonte de dados.

O que gerou esse volume enorme de dados? Ou ainda, o que está provocando essa taxa de crescimento contínuo gerado ano após ano? Respondendo a primeira questão, a *Internet*, por si só, nasceu como um grande repositório de conteúdo não estruturado. Contudo, desde a sua evolução, para o que chamamos de *Web* 2.0, quando a mesma se tornou colaborativa e social.

Inove ou morra!

Esse repositório deixou de ser grande para se tornar gigante, pois foi transferido para cada pessoa uma parte da responsabilidade de contribuir na geração de conteúdos em texto (*Twitter* e *blogs*, por exemplo), em imagem (*Instagram* e *Pinterest*, por exemplo) ou vídeo (*YouTube* e *Snapchat*, por exemplo), inicialmente no computador de mesa e, depois, nos *smartphones*.

Processar esse grande volume de dados não é importante somente para A *Google* em seu produto de indexação da *web*, mas para as corporações que podem, por exemplo, monitorar tendências, satisfação dos usuários, padrões de uso, concorrência, identificar potenciais compradores e influenciadores.

Por exemplo, a biblioteca do congresso americano armazena todos os *tweets* públicos, desde 2006. Atualmente, após 12 anos de arquivamento, estima-se algo em torno de um trilhão de *tweets* armazenados a uma taxa de novos dados em torno de 50 milhões por dia.

Segundo a biblioteca, umas das principais razões de armazenar esses dados é: "(...) dar voz às massas silenciosas da história: pessoas comuns", e permitir que gerações futuras possam aprender sobre esse rico período da história, sobre os fluxos de informação, questões sociais, forças políticas e tudo que define a geração atual.

Sobre a segunda questão, a respeito da taxa crescente de novos dados, podemos analisá-la pela estimativa de crescimento da *Internet das Coisas*. Um único carro autônomo tem potencial, segundo a gigante dos *chips*, Intel, de gerar até 4 TB de dados por dia (aproximadamente 260 filmes em Ultra HD).

Em um futuro próximo, teremos bilhões de dispositivos gerando uma quantidade razoável de dados por hora, que podem ser úteis. Contudo, segundo um estudo do instituto IDC (provedora de inteligência de mercado, consultoria e serviços estratégicos de *marketing* para os mercados de Tecnologia da Informação e Telecomunicações), é esperado que, somente 35% dos dados estejam em condição de serem analisados em 2020.

Luiz Guimarães

A possibilidade de utilizar grandes volumes de dados para extrair conhecimento é revolucionário em todas as áreas. No campo da medicina, por exemplo, o compartilhamento e o inter-relacionamento de dados de exames, evolução e pacientes, em âmbito mundial, poderia agilizar os testes de novas drogas, como também ajudar na precisão sobre o melhor tratamento a um paciente com câncer, por exemplo.

Não se sabe, ao certo, quem cunhou o termo *Big data*, talvez o cientista chefe da *Silicon Graphics*, em 1990, chamado John Mashey, possivelmente prevendo o aumento futuro de adoção de tecnologias de criação e manipulação de filmes e imagens digitais. Visto que a *Silicon* era, na época, uma gigante da computação gráfica, usada para efeitos especiais em Hollywood e para vigilância por câmeras de espionagem.

Contudo, o desafio de armazenar e manipular volumes grandes de dados só apareceu uma década depois, com a *Web* 2.0, no início dos anos 2000. O *Facebook*, por exemplo, foi fundado em 2004 e o *Google* entrou no ar no final de 1998.

Para tratar esses desafios, como por exemplo, armazenar e indexar a *Internet*, para que ela pudesse ser ranqueada e buscada, diversos estudos foram feitos a fim de encontrar soluções tecnológicas para essas questões. No mesmo período, as corporações já tinham identificado que seus sistemas de gestão (ERP) armazenavam dados estruturados realmente importantes, que poderiam ser úteis se fossem salvos em armazéns de dados separados (chamados de *Data Warehouses*), com acesso via ferramentas de visualização (BI ou *Business Intelligence*) especializadas.

Em 2003, com o intuito de solucionar essas questões para lidar com o *Big data* não estruturado, o *Google* publicou um estudo para um repositório de arquivos (*Google File System* ou GFS) capaz de armazenar volumes grandes de dados em um conjunto de computadores comuns (chamado de *cluster* ou *farm*), o que permitiria gravar grandes arquivos de forma economicamente viável.

Inove ou morra!

Em 2004, o *Google* publica outro estudo com uma proposta de um sistema capaz de processar informações úteis de um grande volume de dados não estruturados (arquivos de PC e páginas da *web*), chamado *MapReduce*, uma analogia ao processo de mapear uma grande faixa de dados, reduzindo-o a poucos dados informativos.

Alguns anos depois, esses dois estudos se fundiram em um projeto chamado *Hadoop*, se tornando o sistema padrão de armazenamento e processamento do *Big data*. Somente em 2006, foi liberada a primeira versão teste do produto, que foi capaz de processar 1,8 TB de dados em 48 horas, utilizando 188 computadores em *cluster* (um desempenho ótimo para a época, porém horrível para os dias atuais).

Para se ter uma ideia da velocidade da evolução, já em 2011, o *Yahoo* anunciou ter petabytes equivalentes a mil terabytes de armazenamento, em aproximadamente 42 mil computadores de *Hadoop*. A versão 1.0, a primeira versão estável do sistema, foi lançada em 2012, com o nome de *Apache Hadoop*.

No âmbito dos dados empresariais, algumas companhias de tecnologia buscavam resolver o problema do crescimento dos dados estruturados dentro das corporações, lançando soluções de banco de dados com grande capacidade de armazenamento e processamento, como a *Teradata* e a *Oracle Corporation*.

Entre 2003 e 2005, *startups* como a *Netezza*, e *Greenplum*, compradas posteriormente entre 2010 e 2011, pela *IBM* e *EMC*, respectivamente, lançaram soluções que se utilizavam das mesmas características do *MapReduce*. Processamento paralelo em computadores comuns em *cluster*, para conseguir organizar grandes volumes de dados estruturados em curto tempo a um custo aceitável.

Com a evolução de técnicas de aprendizado e descobertas de informações em dados, como o *Data Mining*[1] e o *Machine*

---

1. Mineração de dados. Em português, consiste em uma funcionalidade que agrega e organiza dados, encontrando neles padrões, associações, mudanças e anomalias relevantes.

Luiz Guimarães

Learning[2], diversas soluções de análise foram integradas às tecnologias de *big data* proprietárias e de código aberto (*open source*). Entre essas, o *Hadoop*, permitindo que as empresas pudessem usufruir do benefício do poder que os dados proporcionavam.

Um novo tipo de profissional surgiu, o chamado Cientista de Dados, um ser (quase místico) capaz de entender profundamente de questões de negócio, ao mesmo tempo que possui sólidos conhecimentos em matemática e estatística. Além de ter capacidade e habilidade em computação, para proporcionar diferenciais às empresas e governos, com o uso de dados.

O *Big data* e a Inteligência Artificial, que trataremos a seguir, estão mudando e mudarão muito, tudo o que nós conhecemos hoje, à medida que mais dados possam ser usáveis e a maior capacidade de processamento artificial trabalhe sobre eles.

Contudo, mesmo com as possibilidades criadas pelo *big data* e I.A., muito provavelmente o entrave no futuro não será tecnológico, mas de pessoas. Formar os profissionais capazes de entender os problemas, saber onde e de que forma coletar os dados, identificar e simular que modelos utilizar e possuir a capacidade de entender os resultados, neste verdadeiro universo digital, será o nosso grande desafio.

Resumo

• Computação em nuvem é um conceito de prestação e entrega de serviço computacional.

• O objetivo da computação em nuvem é oferecer uma forma mais econômica, ágil e racional de consumo de recursos computacionais, diferentemente do modelo preexistente de aquisição e posse de *hardware* e *software*.

• O *Cloud Computing* parte do princípio de que os recursos computacionais deveriam ser consumidos de forma semelhante ao mo-

---

2. O aprendizado automático, aprendizado de máquina ou aprendizagem automática é um subcampo da Inteligência Artificial voltado para a criação de algoritmos que aprendem sem prévia programação.

Inove ou morra!

delo de consumo da energia elétrica doméstica, ou seja, está disponível na tomada, aparentemente de forma infinita (mesmo não sendo), de forma simples (não precisamos entender as complexas questões técnicas de geração, transmissão e distribuição) e contratada sob demanda no modelo "pague somente pelo o que consumiu".

• O modelo de entrega da computação em nuvem pode ser privado, quando os seus recursos pertencem ao usuário, público, quando os recursos pertencem a um provedor de serviço ou híbrido, quando os serviços são distribuídos entre o privado e público.

• Com o surgimento da nuvem pública computacional, foi possível que qualquer um tenha acesso aos mesmos recursos ou capacidades disponíveis em qualquer grande data center do planeta, bastando para isso ter um cartão de crédito.

• IOT é o acrônimo para o termo *"Internet Of Things"* ou *"Internet das Coisas"*.

• No início, a *Internet* interligava computadores, contudo, os computadores nada mais eram do que dispositivos que esperavam comandos das pessoas, ou seja, a *Internet*, na verdade, conectava pessoas por meio de computadores.

• Contudo, posteriormente conectarmos dispositivos que transacionam e se comunicam diretamente com outros dispositivos.

• O dado proporciona informação, que pode gerar conhecimento e sabedoria. Conhecimento e sabedoria podem proporcionar descobertas, vantagens, riquezas e poder.

• O *Big data* é o termo atribuído a conjuntos de dados tão volumosos e complexos que os aplicativos tradicionais de processamento de dados são inadequados para lidar com eles.

• Os desafios do *Big data* incluem a captura de dados, armazenamento de dados, análise de dados, pesquisa, compartilhamento, transferência, visualização, consulta, atualização, privacidade de informações e fonte de dados.

Luiz Guimarães

• No contexto de dados não estruturados, o *Hadoop* tornou-se o sistema padrão de armazenamento e processamento do *Big data*.

• No contexto corporativo, diversas soluções de armazenamento, processamento e visualização de dados, principalmente os estruturados, foram desenvolvidos.

• A possibilidade de utilizar grandes volumes de dados, de forma a extrair conhecimento é revolucionário em todas as áreas.

Luiz Guimarães

Desmistificando a Inteligência artificial e realidade aumentada

Inteligência artificial

O agente digital programável, ou seja, o computador como conhecemos, não é somente uma máquina de contar ou calcular (do latim, computo), visto que possui também a capacidade de executar tarefas ou cumprir todas as etapas de um algoritmo.

O algoritmo, por sua vez, é uma forma lógica de expor uma regra ou fluxo do fazer. Partindo do ponto A (dado de entrada), que tarefas lógicas devem ser feitas (computar) para se chegar ao ponto B (dado de saída). Quem escreve o algoritmo dessa lógica ou regra é o desenvolvedor de *software*, que pode ser o próprio profissional especialista na área ou alguém hábil em programação, que utilizou conhecimentos de um especialista para desenvolver o algoritmo.

Inove ou morra!

Dessa forma, poderia um computador, que executa um algoritmo, ou seja, que faz estritamente o que lhe é pedido, ser caracterizado como um agente inteligente, como nós seres humanos? O que seria inteligência? Que competências esse algoritmo deveria possuir para ser considerado inteligente?

O senso comum diz que um ser inteligente é alguém que pensa, que compreende, que discerne e, após isso, decide e age por seu próprio pensar. Segundo esse mesmo senso, as decisões e ações de pessoas muito inteligentes geram resultados acima da média, pois possuem uma capacidade de compreensão, pensamento e discernimento avantajada.

Etimologicamente, inteligência significa "ação de discernir", "faculdade de compreender", "aquele que sabe escolher, que sabe discernir, que sabe colher o conhecimento". Poderemos, assim, inferir que, para um computador ser considerado inteligente, ele deveria ter alguma (ou todas) destas capacidades:

1 - Não só executar um saber descrito por um ser inteligente, mas ser capaz de executar um aprender absorvido (aprendido) por si mesmo;

2 - Não só executar uma lógica predeterminada, mas ter a capacidade de compreender os dados inseridos ou coletados de forma a gerar novas lógicas e inferências, com base na compreensão desses dados;

3 - Ser capaz de escolher ou discernir uma melhor forma de analisar a situação, a partir do próprio contexto da situação, e não em um conjunto de regras limitadas previamente programadas.

Há várias décadas, os pesquisadores buscam soluções que façam dos computadores agentes inteligentes, área de pesquisa cunhada na década de 50, como "Inteligência Artificial". A esperança é que, ao desenvolver capacidades de inteligência de forma artificial, haja novas possibilidades de se fazer o que já somos capazes, só que de maneira mais rápida, em maior escala ou em melhor qualidade.

Luiz Guimarães

Mas, quais seriam as fronteiras para a I.A? Quais seriam os limites de criação de um agente capaz de imitar nossas capacidades humanas de inteligência, criatividade e intuição? A resposta para estas questões passa, antes de tudo, sobre a discussão do que seria criatividade ou intuição.

Será que há algo transcendente ou somente uma outra forma de expressão dos mesmos mecanismos da inteligência? Uma recente disputa pela vitória em um jogo de tabuleiro de *Go* nos fornece alguns sinais.

Go é o jogo mais complexo já criado pelo homem. Por isso mesmo, derrotar um jogador real de *Go* seria uma das maiores vitórias da I.A. atual, devido ao caráter exponencial de possibilidades de distribuição das peças no tabuleiro do jogo. De tão complexo, entre os jogadores, acredita-se que a intuição é um pré-requisito essencial para se vencer no jogo.

E se um computador pudesse ganhar de um humano no *Go*? E se esse humano fosse o maior campeão de *Go* de todos os tempos (18 vezes campeão mundial), conhecido por jogadas criativas, considerado por alguns, um dos maiores gênios do século e uma das mentes mais brilhantes da humanidade?

Esse foi o desafio que a empresa inglesa *DeepMind*, pertencente ao *Google*, topou fazer em 2016. Diferente do *Deep Blue*, jogador eletrônico de xadrez da IBM, que venceu o campeão mundial de xadrez Garry Kasparov, o jogador eletrônico da *DeepMind*, o *AlphaGo*, não foi programado por especialistas, mas aprendeu sozinho como jogar *Go*, após treinamento duro que consistiu em visualizar 100 mil partidas de hábeis amadores da *Internet*.

Como normalmente acontece com todo ciclo de aprendizado, no início, o *AlphaGo* imitou as jogadas e depois, jogando sozinho, aprendeu com a repetição de milhões de partidas contra si mesmo. Um esforço enorme de aprendizado baseado em conhecimento adquirido com os próprios erros.

Inove ou morra!

Antes do confronto, era nítido que o campeão mundial de *Go*, Lee Sedol, estava bem confiante de sua vitória, acreditando, segundo suas próprias palavras, que "a intuição humana seja avançada o suficiente e que a máquina não seja capaz de alcançá-la".

O desafio foi composto de cinco partidas televisionadas ao mundo inteiro. Foi um desafio muito tenso e árduo para todos, pois, daquela vez, e pela primeira vez, Lee Sedol não estava jogando por si mesmo, mas por toda a raça humana. Ao espanto de todos, o resultado foi 4x1 para o *AlphaGo*, tendo o supercampeão ganho somente na quarta partida.

Contudo, em todo aquele acontecimento, o que mais atraiu a minha atenção aconteceu na segunda partida, precisamente na jogada de número 30, em que o *AlphaGo* fez um lance inesperado e surpreendente, cuja probabilidade de um humano fazer é de 1 a 10 mil, de acordo com o próprio sistema.

Após o lance, de tão inédito, ninguém sabia dizer se aquela era uma jogada excelente ou péssima. Somente mais tarde, foi revelada como primeira opção. O que ele tinha feito fora algo novo e diferente. Fan Hui, campeão europeu de *Go*, relatou como um movimento bem criativo e lindo.

Lee Sedol, espantado, argumentou ter pensando que o *AlphaGo* era baseado em probabilidade, como qualquer sistema, mas se surpreendeu e disse "O *AlphaGo* é certamente criativo".

E aí, caro leitor, afinal, o que é criatividade?

O campo de pesquisa em Inteligência Artificial nasceu na faculdade de Dartmounth, no verão de 1956. Durante seis semanas, um pequeno grupo de matemáticos e cientistas se encontravam diariamente em meio a discussões e sessões de *brainstorming*.

Ao grupo é creditado o termo "inteligência artificial" ou I.A., uma proposta para mostrar "que cada aspecto do aprendizado ou qualquer outra característica da inteligência pode, a princípio, ser tão precisamente descrito, quanto uma máquina pode ser feita para simulá-la". E eles foram em frente: "Nós achamos que um avanço significante pode ser feito em um ou mais desses problemas, se um grupo de cientistas cuidadosamente selecionados trabalharem juntos por um verão".

O verão pode ter durado quase 50 anos, mas, naquela ocasião, aquele grupo de cientistas fundou a disciplina que agora está claramente na iminência de revolucionar o mundo. Assistentes pessoais de voz, como *Alexa* e *Siri*, robôs, carros e *drones* autônomos, tradutores instantâneos e reconhecimentos de pessoas do *Facebook* são alguns exemplos de aplicações da I.A.

Na procura por criar agentes inteligentes, a área de I.A. se ramificou em cinco campos de estudo, segundo o professor Pedro Domingos, pesquisador reconhecido mundialmente na área.

Cada campo possuía a sua crença do que é ou como se processa a inteligência, desde a forma empírica de pensar baseada na lógica, símbolo e linguagem, à forma biológica das conexões do cérebro, da evolução natural das espécies, da forma de pensar estatisticamente ou análoga, com origens na psicologia.

Respectivamente, cada campo de estudo, os simbolistas, conexionistas, evolucionistas, baysianistas ou analogizadores teve seus momentos de euforia e descrença, competindo entre si para ver qual melhor resolvia a questão.

Recentemente, os avanços na eficiência da computação estatística têm resultado no sucesso dos bayesianos, em fomentar o campo da I.A. em diversas áreas. Usualmente, esses usam o nome "aprendizado de máquina" ao invés de Inteligência Artificial.

De modo similar, com os avanços na computação de rede neural, os conexionistas têm conseguido impulsionar outro subcampo, conhecido como "aprendizado profundo". Contudo, o aprendizado de máquina (*Machine Learning*) e o aprendizado profundo (*Deep Learning*) são campos da ciência da computação, derivados da disciplina da inteligência artificial.

Embora o termo "aprendizado de máquina" seja um nome comumente aplicado a várias técnicas bayesianas usadas para o re-

Inove ou morra!

conhecimento e o aprendizado de padrões, pode ser utilizado de forma intercambiável com o termo I.A., pois todos eles se referem a formas de fazer o computador aprender algo por conta própria.

Uma coisa interessante é que, independente dos avanços dos bayesianos, muito provavelmente, podemos afirmar que no âmago dessa revolução recente, reportada, visível e falada da I.A., o responsável é o *Deep Learning* (Aprendizado profundo) ou *Deep Neural Networks* (Rede Neural Profunda), como os acadêmicos preferem chamar.

No contexto estatístico, essencialmente, o aprendizado de máquina é um conjunto de algoritmos que pode aprender e fazer previsões com base em dados gravados, extrair estruturas ocultas de dados e classificá-los de acordo com descrições concisas.

Normalmente, a tecnologia utilizada para identificar padrões e extrair conhecimento desconhecido de dados é chamada de Mineração (*Data Mining*), e a tecnologia para fazer previsões futuras baseadas em dados passados é chamada de *Analytics* preditivo.

Geralmente, o aprendizado de máquina é implantado onde a programação explícita é muito rígida ou impraticável. Diferentemente do código de computador comum, criado por desenvolvedores de *softwares* para gerar uma saída específica de uma determinada entrada, o aprendizado de máquina usa dados para gerar um código estatístico (um modelo de ML).

Isso origina o "resultado certo" (não necessariamente o resultado exato ou preciso), com base em um padrão reconhecido de exemplos anteriores de entrada e saída (no caso de técnicas supervisionadas).

A precisão de um modelo de ML baseia-se principalmente na qualidade e na quantidade de dados históricos. Os casos de usos mais comuns em modelos bayesianos são modelos de recomendação de itens a clientes, identificação de clientes insatisfeitos com alto risco de abandono (*churn*), otimização de fluxo de caminho em sites, detecção de anomalias e detecção de fraudes.

Luiz Guimarães

Normalmente, se diz que o aprendizado profundo (*Deep Learning*) é um sub-ramo do aprendizado de máquina, que envolve criar algoritmos que simulam redes de neurônios artificiais em diversas camadas de conexão, em um esforço para entender melhor os dados.

Esse conceito, um dos que foram debatidos em Dartmouth, essencialmente descreve sistemas de autoaprendizagem. Diferentemente de sistemas convencionais, em que o programador escreve cada cenário possível, engenheiros enviam grandes conjuntos de dados de treinamento, como imagens etiquetadas.

Isso serve, por exemplo, para que o algoritmo aprenda em um sistema de tentativa, validação de resultado, retroalimentação do erro e reajuste, até que o aprendizado esteja concluído. De fato, como esses sistemas possuem capacidade de auto aprender, temos, essencialmente, *softwares* escrevendo novos *softwares*.

O aprendizado profundo conta com essa rede densa de neurônios que é adequada a tratar relações de dados não lineares, resultando na capacidade de identificar mais relacionamentos do que os humanos poderiam codificar no *software*, ou relacionamentos que os humanos nem sequer perceberiam.

A partir disso, o sistema poderá ser usado para fazer previsões ou interpretações de dados muito complexos. Os casos de usos mais comuns de aprendizado profundo são reconhecimento de voz, classificação de imagens, classificação de vídeos, compreensão da linguagem natural e mecanismos de recomendação.

A chave da rede de aprendizado profundo são os neurônios artificiais. Os primeiros conceitos desses surgiram na década de 50 e ficaram suspensos por diversas décadas, após algumas desilusões sobre as altas expectativas geradas. Até que a área foi retomada por pesquisadores, de forma discreta, na década de 80, sendo os estudos base do aprendizado profundo construídos entre a transição da década de 80 e 90.

Inove ou morra!

Então, por que a revolução do *Deep Learning* demorou, aproximadamente 20 anos para começar a se revelar? Bem, por dois fatores primordiais: primeiro, a baixa capacidade computacional da época, para processar uma rede densa de neurônios. Segundo, inexistência de grandes volumes de dados para permitir um aprendizado adequado.

Esses dois entraves, no entanto, foram resolvidos na década de 2000. O primeiro, quase por acidente, quando alguns pesquisadores descobriram que processadores gráficos utilizados para renderizar imagens 3D de jogos de *videogame* poderiam ser utilizados para processar redes de aprendizado profundo, com um ganho de até 50 vezes em desempenho.

O segundo problema, o da inexistência de dados, foi resolvido com o surgimento do *Big data*. Sem esses obstáculos, as pesquisas em aprendizado profundo se intensificaram e avançaram rapidamente, fazendo com que, por exemplo, os sistemas de I.A superassem os humanos no concurso de reconhecimento de imagens, *ImageNet*, na década posterior, em 2015.

Ok, mas o que podemos esperar da I.A então? Se fosse necessário dividir em dois grupos para simplificar, diria que a I.A atual pode ser útil em:

1. Permitir a criação de sistemas de conhecimento capazes de identificar e reconhecer padrões em dados, além de fazer previsões e simulações do que pode ocorrer no futuro;

2. Criar sistemas com habilidades específicas, como atendimento (assistentes virtuais por voz, texto etc.), pilotagem (carros, *drones*, aviões, navios, submarinos, foguetes, espaçonaves etc.), vigilância ou análise (reconhecimento de coisas, pessoas, padrões específicos de uso (imagens e vídeos), escrita etc.

Estamos cheios de exemplos de aplicações concretas de I.A., alguns como produtos de consumo nos bolsos, pulsos, brinquedos ou casas de pessoas comuns. Outros em produtos protótipos que se revelaram muito animadores e que teremos contato em pouco tempo.

Luiz Guimarães

O importante é que, com diversos bilhões de dólares em investimento, em centenas de *startups*, nos centros de pesquisa e desenvolvimento em dezenas de empresas e governos em âmbito civil e militar (pesquisar o robô humanoide autônomo militar russo, FEDOR), a tendência é que o patinho feio da ciência se torne o grande cisne branco e evolua muito rapidamente.

Como disse Andrew Ng, cientista chefe de pesquisa da empresa chinesa *Baidu* (o *Google* chinês) e um dos pesquisadores mais conhecidos da área:

> No passado, diversos CEO de S&P 500 se arrependiam de não ter começado a pensar mais cedo sobre sua estratégia de *Internet*. Eu acho que daqui a cinco anos haverá um número de CEOs do S&P 500 que se arrependerão de não ter começado a pensar mais cedo sobre a sua estratégia de I.A. I.A. é a nova eletricidade. Apenas 100 anos atrás a eletricidade transformou a indústria e a I.A irá agora fazer o mesmo.

Realidade aumentada

A realidade aumentada (*Augmented reality* ou *AR*) é uma visão direta ou indireta de um ambiente físico e real, cujos elementos são "aumentados" por informações perceptivas, geradas por um computador, idealmente por meio de múltiplas modalidades sensoriais.

A informação sensorial sobreposta pode ser construtiva (isto é, aditiva ao ambiente natural) ou destrutiva (isto é, mascarar o ambiente natural), está registrada no mundo físico de tal forma, que é percebida como um aspecto imersivo do ambiente real.

Assim, a realidade aumentada altera a percepção atual de um ambiente do mundo real, enquanto a realidade virtual substitui o ambiente do mundo real por um simulado.

Podemos pensar em realidade aumentada como uma forma nova e poderosa de exibição de informação, além dos monitores

Inove ou morra!

dos computadores ou telas de dispositivos. A grande diferença aqui é que a realidade aumentada permite misturar, em uma única imagem, a "tela real" com a tela computacional, em uma fusão sensorial dentro de um contexto.

O contexto é importante, pois ele permite que a nova realidade se adapte sobre onde estamos (localização), o que vemos ou com que interagimos. Por exemplo, ao instalar um novo equipamento, ao invés de possuir duas imagens diferentes, a do equipamento desmontado e a do manual, o técnico de montagem poderia ter um *tablet* (com uma câmera) que misturasse o manual quando o mesmo fosse apontando às peças do equipamento.

Dessa forma, informações sobre as peças e animações sobre os encaixes poderiam aparecer facilitando o trabalho de implantação (e suporte). Na medicina, a fusão das imagens poderia ocorrer quando o médico, com óculos especiais, olhasse diretamente para o peito do paciente e enxergasse "dentro dele" uma superposição da visão real com a do exame de vídeo.

De modo semelhante, um atendente, ao olhar para um cliente, poderia visualizar o seu nome, histórico de contato e tudo mais que seria importante, sem ter o inconveniente de questioná-lo ou olhar para uma tela de computador na bancada (evitar o normal, onde o cliente só ouve o barulho de teclas de um atendente que nem olha para ele).

Uma aplicação bastante interessante que conheci foi um engenheiro que, ao olhar para a obra em construção, enxergava as tubulações hidráulicas e elétricas, quando as mesmas eram apenas projetos. Dessa forma, já poderia, *in loco*, observar e validar o projeto e fazer correções durante fases iniciais da construção.

A Goldman Sachs - Statistics & Facts prevê que o mercado de realidade aumentada e virtual deve ser de 35 bilhões de dólares em 2025, sendo quase um terço do mercado de *videogames*. Outro no mercado de entretenimento, eventos ao vivo e educação, e o restante nas áreas de saúde, engenharia e imobiliária.

Luiz Guimarães

Tim Cook, o CEO da *Apple*, chegou a afirmar que "RA no futuro próximo se tornará uma tecnologia convencional e poderá gerar o mesmo impacto que os *smartphones* geraram."

O conceito de Realidade Aumentada não é tão novo, foi criado em 1990, por Thomas P. Caudell, ex-pesquisador da Boeing. Contudo, para uso prático, faltava capacidade para coletar as imagens digitais, exibir em uma tela móvel, obter informações por sensores e *Internet* e reconhecer o que coletava para criar o contexto necessário. Tecnologias que foram surgir e se baratear tempos depois, como a câmera digital, o dispositivo móvel (como o *iPhone*) e o *deep learning*.

O sistema mais famoso de realidade aumentada, se poderemos chamar assim, foi o *Pokemon Go*. Seu enorme sucesso mostrou ao mundo as potencialidades deste tipo de tecnologia, inicialmente para o mundo dos *games*, mas depois para o mundo profissional.

Atualmente, o mercado está com todas as condições para que desenvolvedores possam criar soluções criativas para essa tecnologia, como *kits* de desenvolvimento para *iOS/Android* e novos dispositivos, como óculos com telas, *scanners* e câmeras de vídeo.

Inclusive, esses dispositivos estão se tornando cada vez melhores, menores e discretos, tornando possível pularmos da *Internet* no bolso, para a *Internet* nos olhos, em pouquíssimos anos. Deve ser isso que Tim Cook está visualizando.

Resumo
• O campo de pesquisa em Inteligência Artificial nasceu na faculdade de Dartmounth, no verão de 1956. Durante seis semanas, um pequeno grupo de matemáticos e cientistas se encontravam diariamente em meio a discussões e sessões de *brainstorming*. Ao grupo é creditado o termo "inteligência artificial" ou I.A., uma proposta para mostrar que, "cada aspecto do aprendizado ou qualquer outra característica da inteligência pode, a princípio, ser tão precisamente descrito, que uma máquina pode ser feita para simulá-la."

Inove ou morra!

- A Inteligência Artificial é dividida em cinco campos. Cada um possui a sua crença do que é ou como se processa a inteligência:
  - Simbolista: da forma empírica de pensar baseada na lógica, símbolo e linguagem;
  - Conexionistas: da forma biológica das conexões do cérebro;
  - Evolucionistas: da evolução natural das espécies;
  - Bayesianos: da forma de pensar estatisticamente;
  - Analogistas: da forma análoga, com origens na psicologia.
- Embora o termo "aprendizado de máquina" seja um nome comumente aplicado em várias técnicas bayesianas usadas para o reconhecimento e o aprendizado de padrões, pode ser utilizado de forma intercambiável com o termo I.A. Todos eles se referem a formas de fazer o computador aprender algo sozinho.
- A tecnologia utilizada para identificar padrões e extrair conhecimento desconhecido de dados é chamada de Mineração de dados (*Data Mining*);
- A tecnologia para fazer previsões futuras baseadas em dados passados é chamada de *Analytics* preditivo;
- A realidade aumentada (*Augmented reality* ou AR) é uma visão direta ou indireta de um ambiente físico ou real, cujos elementos são "aumentados" por informações perceptivas geradas por computador, idealmente por meio de múltiplas modalidades sensoriais;
- A informação sensorial sobreposta pode ser construtiva (aditiva ao ambiente natural) ou destrutiva (mascarada no ambiente natural) e está espacialmente registrada no mundo físico de tal forma que é percebida como um aspecto imersivo do ambiente real;
- A realidade aumentada permite misturar, em uma única imagem, a "tela real" com a tela computacional, em uma fusão sensorial dentro de um contexto. O contexto é importante, pois ele permite que a nova realidade se adapte sobre onde estamos (localização), o que vemos ou com que interagimos.

Luiz Guimarães

Desmistificando o *blockchain* e *criptomoedas*

Blockchain é a revolução por trás das moedas digitais. A tecnologia foi proposta e implementada pela primeira vez, pelo criador da Criptomoeda *Bitcoin* como solução para alguns desafios de implantação de um sistema de moeda totalmente digital, tais como:

1. Como implementar um sistema seguro de transação de compra e venda, sem um intermediário confiável, como uma instituição bancária;

2. Como implementar uma moeda digital que proteja contra a utilização simultânea de um mesmo crédito (valor), na compra de mais de um produto. Isso não é um problema na moeda tradicional, já que o mesmo é um ativo físico ou tem um intermediário confiável, como uma instituição bancária, que só permite o uso do crédito real existente;

Inove ou morra!

3. Como implementar uma moeda digital segura contra-ataques cibernéticos que poderiam roubar, adulterar ou criar moedas (registros de dados).

Podemos entender o *blockchain* como uma plataforma que possibilita a "instalação" de aplicativos que permitem que pessoas ou empresas colaborem em confiança mútua, por meio de uma forma de registro compartilhado e confiável das informações de estado (Ex: saldo, posição, competências, contratos etc.) e de transação.

Dessa forma, o próprio *bitcoin* é um exemplo de aplicação que utiliza o *blockchain* (a primeira aplicação criada, na verdade). Nele, as pessoas trocam ativos de forma segura e confiável, pois os seus registros de estado (saldo de moedas, por exemplo) e de transação (quem comprou, quem vendeu, quando, quanto etc.) estão seguros e disponíveis a todos no *blockchain*.

O *bitcoin* surgiu como forma de facilitar a troca de ativos entre pessoas e empresas em um ambiente de forte comércio eletrônico. Contudo, segundo escrito no *paper* originário do *bitcoin*, os negócios pela *Internet* têm se construído sob instituições financeiras, servindo como intermediários confiáveis para processar os pagamentos eletrônicos, que funcionam bem o suficiente para a maioria das transações, mas sofre da fraqueza inerente ao modelo.

Por exemplo, transações irreversíveis não são realmente possíveis, já que as instituições financeiras não podem evitar a necessidade de mediação de disputas. O custo dessa mediação aumenta os custos de transação, criando um valor mínimo para uma transação ser viável e cortando a possibilidade de existirem transações pequenas e casuais.

Nesse modelo, é grande o custo para implantar a possibilidade de fazer pagamentos não estornáveis. Por outro lado, como existe a possibilidade de estorno, há a necessidade de distribuição da confiança. Os vendedores tentam se proteger de seus clientes, obrigando-os a fornecer mais informações do que seriam necessárias de outra forma, pois os mesmos podem comprar produtos e serviços, pagar eletronicamente, e logo após estornar o pagamento.

Luiz Guimarães

Esses custos e incertezas de pagamentos podem ser evitados com uma pessoa usando uma moeda física, mas isso não é possível em transações de longa distância. Nesses casos, o sistema financeiro tradicional exige um intermediário confiável em todos os mecanismos de pagamentos sobre canais de comunicação.

De acordo com o inventor da criptomoeda, era preciso um sistema de pagamentos eletrônicos baseado em provas criptográficas em vez de confiança, que permita que duas partes façam transações sem a necessidade de um intermediário confiável.

Transações que são computacionalmente impraticáveis de reverter podem proteger vendedores de fraude e serviços de proteção, além de proteger os compradores (algo como *PagSeguro, Paypal* ou *MercadoPago* atualmente). Naturalmente, o *bitcoin* não resolve ou endereça todos os interessados, mas foi uma primeira tentativa bem-sucedida sobre a questão.

Um segundo exemplo de aplicação sobre *blockchain* são os *Smart Contratcs*. Imagine um hotel executivo em uma grande cidade. Esse possui vários donos possuidores de cotas que são livremente negociadas na *Internet*, via criptomoedas. Quem possui cotas pode, com um *token*, votar e decidir sobre questões operacionais e de futuro da organização de forma transparente, democrática e segura.

Ao comprar uma cota, o novo investidor assina um contrato digital inviolável no *blockchain*. Além das regras societárias e regimentos básicos, é programado com várias regras de ação automática, ou seja, o próprio *software* poderia ser o responsável por pagar e transferir dividendos aos cotistas, quando determinado evento previsto fosse alcançado.

Os clientes reservariam um quarto com o auxílio de um *smartphone*, sem a necessidade de se dirigirem a uma recepção para fornecimento de dados pessoais, iriam diretamente ao elevador e ao andar da acomodação. Na porta, ao passar o

Inove ou morra!

seu *smartphone* sobre uma tranca inteligente, o cliente assinaria uma transação digital com transferência de criptomoedas, liberando a acomodação ao novo hóspede.

Todas as transações estariam registradas de forma inviolável no *blockchain*, muitas funções operacionais seriam feitas sem intervenção humana e sem intermediários. Não seria necessária a auditoria ou um órgão regulamentador, a governança seria mais confiável, a empresa teria um custo operacional bem menor e a sua liquidez de mercado seria alta. Este é um exemplo de um DAO (*Decentralized Autonomous Organizations*), uma empresa autônoma descentralizada.

O DAO é um modelo de empresa digital fundamentada nas aplicações de contratos inteligentes (*smart contracts*) sobre um *blockchain*. Esses contratos podem ser programados para realizar uma variedade de tarefas, como distribuir fundos após uma determinada data ou quando uma certa porcentagem de eleitores concorda em financiar um projeto.

Alguns proponentes dizem que pode funcionar em uma organização que possibilite qualquer tipo de decisão, não apenas as relacionadas ao dinheiro. Essencialmente, eles veem o DAO como uma maneira de garantir criptograficamente a democracia. Nesse cenário, as partes interessadas podem votar em adicionar ou mudar as regras, ou expulsar um membro, para citar alguns exemplos.

Um contrato inteligente é, então, um protocolo de computador auto executável, criado com a popularização das criptomoedas, feito para facilitar e reforçar a negociação ou desempenho de um contrato, proporcionando confiabilidade em transações *online*. O objetivo principal é permitir que pessoas desconhecidas façam negócios de confiança entre si, pela *Internet*, sem a necessidade de intermédio de uma autoridade central.

Para que seja considerado um contrato inteligente, a transação deve apresentar mais do que uma simples transferência de moeda virtual entre duas pessoas (como uma transferência de pagamento, por exemplo). Deve envolver duas ou mais partes (como todo contrato).

Luiz Guimarães

A implementação do contrato não deve requerer envolvimento humano direto, a partir do momento em que esse é firmado. Em vez de escrito num papel em linguagem jurídica, é implementado com linguagem de programação e executado em um computador. No protocolo, são definidas regras e consequências estritas, do mesmo modo que um documento jurídico, declarando as obrigações, os benefícios e as penalidades dos envolvidos.

Além disso, diferentemente de um contrato tradicional, o inteligente é capaz de obter informações, processá-las de acordo e tomar as devidas ações previstas nas regras do contrato.

O *blockchain* também é uma ferramenta que pode ser muito poderosa para o compartilhamento confiável de dados entre pessoas e empresas, pois ele reduz o custo, simplifica e transfere o poder da informação ao interessado, em contrapartida ao dono.

O *blockchain* permite, na verdade, que não exista mais o conceito de dono de dados, fazendo com que os dados sejam transparentes a todos e pertencentes a todos de forma igualitária. Contudo, isso não significa dizer que não exista privacidade, pois ela é implantada, inclusive, via anonimato de criptografia. Os registros são referenciados a uma chave criptográfica e não a uma pessoa física ou jurídica.

Para entender melhor a questão, vamos analisar os modelos de negócio baseado em plataforma, onde uma grande riqueza dele está nos dados de classificação e histórico dos envolvidos (no caso da *Uber*, dos seus motoristas e usuários).

O sistema de pontuação (*ratings*) é o grande responsável por permitir que as pessoas possam confiar umas nas outras, em plataformas de duas camadas, como *Ebay, Mercado Livre, Uber* e *Airbnb*. O problema, do ponto de vista dos usuários, é que esses dados não pertencem a eles, mas à empresa dona da plataforma.

Um antigo motorista da *Uber*, com um histórico impecável de bons serviços, diversos elogios dos usuários, vários prêmios e conquistas no sistema e com uma pontuação alta teria dificul-

Inove ou morra!

dade em migrar para outra plataforma de compartilhamento, pois seria um novato como qualquer outro, com histórico limpo e sem nenhum diferencial.

Em suma, ele não teria valor, pois neste caso, seria fornecido pelo histórico de informações que pertencem à *Uber* e não ao motorista. Contudo, se de outra forma essas informações fossem registradas em *blockchain*, o motorista em questão teria o poder sobre os dados, o valor seria intrínseco a ele em qualquer lugar, pois "levaria consigo os dados do seu histórico".

Outro exemplo da mesma questão é: imagine uma transação entre duas entidades, A e B. Ao concordar com um contrato com B, A registra os detalhes do acordo em seu próprio banco de dados (físico ou digital), para futura consulta ou verificação de termos.

Contudo, como o banco de dados de A não é acessível e confiável a B, B também precisa de registros ou comprovantes dos detalhes do acordo em seus arquivos, para futura consulta ou verificação dos termos. Neste caso, por serem bancos de dados privados, que possuem donos, ambos precisam ser arquivados e mantidos privadamente, restando duas cópias da mesma informação, por questões de falta de confiança entre as partes.

No entanto, mesmo com duas cópias, em caso de discussão contratual, as partes podem divergir e, inclusive, apresentar versões diferentes dos termos. Fora de responsabilidade de cada um inserir os dados originais e, até em casos extremos, possuir total autorização de acesso aos seus próprios arquivos privados, manipular seus registros.

É por isso que, para se resguardar de riscos assim, normalmente, as entidades recorrem a uma terceira entidade confiável (como um cartório, por exemplo) para, em comum acordo, afirmarem que uma terceira cópia do registro pertencente a terceiros, naturalmente, é a cópia na qual estão de acordo. Em caso de discordância, a terceira cópia dos termos seria utilizada como cópia correta e fidedigna dos termos.

Luiz Guimarães

O *blockchain* quebra o entrave da necessidade da terceira entidade confiável, por meio da proposta de uma tecnologia. As partes assinam uma única cópia dos registros que, ao mesmo tempo, são donas, mas nem elas e nem ninguém pode manipular.

O custo de segurança, manutenção e proteção dos dados, que antes era particular, agora passa a ser de todos os participantes da rede, uma distribuição de responsabilidades e equidade, que beneficia a todos e reduz o custo do sistema.

Se pararmos para pensar na quantidade de informações nossas, que não são nossas, como histórico escolar, universitário, médico, profissional, competências adquiridas, experiências etc., poderemos ter uma ideia mais precisa do impacto que o *blockchain* teria sobre a sociedade.

Ativos poderiam circular livremente sem os custos, burocracia e tempo extra dos intermediários. Tudo de bom e de ruim que construiríamos seria "carregado" e disponibilizado como informação nossa o tempo todo. Muitas das nossas interações poderiam ser possíveis de forma ágil, barata e confiável, sem intermediários, atendimento ou contato humano.

De forma mais detalhada, o *blockchain* é um banco de dados distribuído e público. Todos os participantes podem consultar e inserir registros. A arquitetura do banco de dados foi desenhada para funcionar distribuída em uma rede de computadores, de forma a não exigir uma entidade centralizadora para administrar, armazenar, validar e aprovar as transações nele inseridas.

Com isso, todos os participantes da rede, chamado de nós (ou nodes, em inglês), armazenam uma cópia completa do banco de dados e contribuem na tarefa de administrar, validar e aprová-la.

Para garantir a confiança na integridade das informações, em um modelo onde todos possuem uma cópia do banco, o *blockchain* foi desenhado para ser imutável. Não permite alterações e exclusões dos registros já inseridos, além de ser totalmente baseado em criptografia e permitir total transparência em um modelo em que todos podem consultar os seus registros.

Inove ou morra!

O conceito de *blockchain* foi criado com o advento da criação do *bitcoin*, mas o seu potencial para os negócios só foi descoberto anos depois, com diversas novas possibilidades que estão sendo estudadas e implementadas no que se chama *blockchain* para negócios ou *blockchain* 2.0.

Segundo a IBM, existem três características principais que separam o bloco de *Bitcoin* de uma cadeia de blocos projetada para negócios.

1. O *blockchain* pode ser utilizado para uma gama muito mais ampla de ativos, além das criptomoedas. Os ativos tangíveis, como carros, imóveis e produtos alimentícios, bem como ativos intangíveis, como títulos e *private equity* são todos possíveis de serem feitos.

2. Identidade sobre anonimato. *Bitcoin* prospera devido ao anonimato. Qualquer um pode olhar o livro do *bitcoin* e ver todas as transações que aconteceram, mas a informação da conta é uma sequência de números sem sentido. Por outro lado, as empresas têm requisitos de conformidade KYC (conheça seu cliente) e AML (anti-lavagem de dinheiro) que exigem que eles saibam exatamente com quem estão lidando. Os participantes nas redes de negócios exigem o inverso do anonimato: a privacidade. Por exemplo, em um sistema de custódia de ativos como o que está sendo desenvolvido pelo *Banco de Poupança Postal da China*, estão envolvidas várias partes, incluindo instituições financeiras, clientes, detentores de ativos, gestores de ativos, consultores de investimentos e auditores. Eles precisam saber com quem estão lidando, mas um cliente ou conselheiro não precisa necessariamente ver todas as transações que já ocorreram (especialmente quando essas transações se relacionam com clientes diferentes).

3. Aprovação seletiva sobre prova de trabalho. O consenso em uma cadeia de blocos para negócios não é alcançado pela mineração, mas por um processo chamado "endosso seletivo". Trata-se de ser capaz de controlar exatamente quem verifica as transações, da mesma forma que os negócios ocorrem hoje. Se

Luiz Guimarães

eu transferir dinheiro para um terceiro, meu banco, o do destinatário e possivelmente um fornecedor de pagamentos verificaria a transação. Isso é diferente do *Bitcoin*, onde toda a rede tem que trabalhar para verificar as transações.

Semelhante à forma como a *Internet* mudou o mundo, proporcionando maior acesso à informação, o *blockchain* está pronto para mudar a forma como as pessoas fazem negócios, oferecendo confiança.

Por *design*, qualquer coisa registrada em um bloco não pode ser alterada, e há registros para onde cada recurso foi. Assim, enquanto os participantes de uma rede de negócios podem não confiar uns nos outros, eles podem confiar na cadeia de blocos. Os benefícios da cadeia para empresas são numerosos, incluindo tempo reduzido (para encontrar informações, resolver conflitos e verificar transações), redução de custos (para despesas gerais e intermediários) e risco atenuado (de colusão, adulteração e fraude).

Resumo

• Podemos entender o *blockchain* como uma plataforma que possibilita "instalações" de aplicativos, que permitem que pessoas ou empresas colaborem em confiança mútua, por meio de uma forma de registro compartilhado e confiável de informações.

• O *blockchain* é um banco de dados distribuído e público, no qual todos os participantes podem consultar e inserir registros. A arquitetura do banco de dados foi desenhada para que o mesmo funcione distribuído em uma rede de computadores ponto a ponto, de forma a não exigir uma entidade centralizadora para administrar, armazenar, validar e aprovar as transações nele inseridas.

• O DAO é um modelo de empresa digital possível por meio de aplicações de contrato inteligente (*smart contracts*) sob um *blockchain*. Essencialmente, o DAO é uma maneira de garantir criptograficamente a democracia. As partes interessadas podem votar em adicionar ou mudar as regras, ou expulsar um membro, para citar alguns exemplos.

Inove ou morra!

• Um contrato inteligente é, então, um protocolo de computador autoexecutável, criado com a popularização das criptomoedas. Foi feito para facilitar e reforçar a negociação ou desempenho de um contrato, proporcionando confiabilidade em transações *online*. Tem como objetivo principal permitir que pessoas desconhecidas façam negócios de confiança entre si, pela *Internet*, sem a necessidade de intermédio de uma autoridade central.

• O *blockchain* também é uma ferramenta que pode ser muito poderosa para o compartilhamento confiável de dados entre pessoas e empresas, pois ele reduz o custo, simplifica e transfere o poder sob a informação ao interessado do dado, em contrapartida ao dono.

Luiz Guimarães

9
Inove sua empresa tradicional de forma rápida e segura com a reengenharia digital

O contexto da reengenharia de processos

O contexto era desafiador. Nos Estados Unidos, após viver sucessivas crises decorrentes da falta de oferta de petróleo, algo precisava ser feito para enfrentar os novos concorrentes japoneses e as novas exigências dos consumidores por produtos mais eficientes, baratos e de melhor qualidade.

Era necessária uma mudança mais profunda e radical, de dentro para fora, para entregar mais valor aos clientes por meio de uma melhoria dramática de desempenho em velocidade, custo, qualidade e serviço.

Somente no processo de pedido e pagamento de contas a fornecedores, a *Ford Motors* possuía 500 funcionários que passavam a maior parte do tempo tentando corrigir divergências entre

Inove ou morra!

pedidos feitos e entregas recebidas, tentando entender o que e para quem deveria pagar.

A título de comparação, uns de seus concorrentes, a *Mazda*, fabricante de automóveis japoneses, gerenciava o mesmo processo, com cem pessoas, um número baixo de funcionários.

O processo, nitidamente, era um grande entrave a todo o negócio e fonte de desentendimento entre as áreas de compras, recebimento, contas a pagar e fornecedores, que acarretava em atrasos, desabastecimentos e problemas sérios de qualidade.

Para resolver o problema, ao invés de fazer pequenas mudanças, a *Ford* resolveu fazer um redesenho total dos processos de contas a pagar, por meio do uso da reengenharia dos processos de negócio, um novo conceito, possível devido às recentes inovações da tecnologia da informação.

Um banco de dados centralizado e compartilhado foi implantado para as atividades de compras. A novidade permitia que o setor de recebimento, no momento da checagem, ainda na doca, recebesse as mercadorias cujos envios correspondiam às ordens de compras.

Assim, a validação era feita na origem, eliminando a necessidade de correções de divergências no departamento de contas a pagar. Com isso, não era mais necessário um novo recebimento da nota fiscal física no departamento de contas a pagar, pois ao receber as mercadorias, automaticamente, o pagamento era agendado para o dia apropriado.

Com essas mudanças, a *Ford* melhorou drasticamente a sua eficiência e reduziu a quantidade de pessoas necessárias nas áreas administrativas, de 500 para 125 pessoas.

À primeira vista, aparentemente, o motivador de toda a mudança fora pressões de mercado por parte dos concorrentes e clientes. Contudo, se bem analisado, perceberemos que o motivador chave da aplicação da reengenharia foi o aparecimento de novas capacidades tecnológicas advindas da TI.

Luiz Guimarães

Sem essas novas capacidades tecnológicas, seria impossível implantar o redesenho do processo proposto e, em última análise, seria impossível também aplicá-las aos concorrentes. Por consequência, como nenhuma empresa poderia entregar tamanho nível de qualidade e agilidade, a falta de parâmetros e experiências faria com que os consumidores não exercessem estímulos ou pressões, exigindo essas mudanças.

> A reengenharia de compras na Ford ilustra outra característica de um verdadeiro esforço de reengenharia: as mudanças da Ford teriam sido impossíveis sem a moderna tecnologia da informação. Os novos processos na empresa não são apenas os antigos programas com novos "rostos". São processos inteiramente novos que não poderiam existir sem a tecnologia da informação de hoje. Dizemos que na reengenharia, a tecnologia da informação atua como um facilitador essencial. Sem tecnologia da informação, o processo não pode sofrer reengenharia.
> (Michael Hammer & James Champy)

A reengenharia de processos

A reengenharia dos processos de negócio ou BPR - *Business Process Reengineering* foi um conceito desenvolvido pelo professor Michael Hammer, na década de 90. Tinha como objetivo promover um repensar radical dos processos de negócios, para gerar elevadas melhorias nas medidas críticas de desempenho - como custo, qualidade, serviço e velocidade.

Um manifesto foi escrito pelo professor Michael Hammer e James Champy em um livro publicado em 1993. Na prática, a reengenharia significava planejar de novo o negócio em uma folha limpa de papel, com o objetivo de reconstruí-lo melhor.

Inove ou morra!

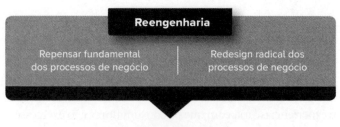

A BPR (*Business Process Reengineering*) visou ajudar as organizações a repensar como elas faziam o seu trabalho, a fim de melhorar drasticamente o atendimento ao cliente, reduzir os custos operacionais e as tornarem competidores de classe mundial. Na nova economia globalizada em questão, para ter sucesso, as corporações deveriam ter estruturas e processos que:

- Fossem rápidos;
- Entregassem alta qualidade de forma consistente;
- Fossem flexíveis;
- Fossem de baixo custo.

Contudo, a realidade encontrada nas empresas era de estruturas e processos rígidos, lentos, e de altos custos. Daquela forma, segundo defendiam, não era possível avançar para um ambiente mais competitivo simplesmente adaptando os velhos métodos de fazer as coisas.

Ainda de acordo com os autores, o repensar é muito importante pois, se não for feito de forma apropriada, com um novo olhar, não baseado nas possibilidades passadas, mas sim em vista com as possibilidades futuras, o processo muito provavelmente falhará em entregar a proposta de valor pretendida, como abordado pelo professor:

> No centro da reengenharia dos negócios está a noção de pensamento descontínuo - identificando e abandonando as regras "caducas" e os rígidos/fundamentais pressu-

Luiz Guimarães

> postos que sujeitam as operações dos negócios atuais. Toda companhia está repleta de regras implícitas de décadas anteriores.

O conceito foi muito importante para a época, por propor uma revolução na forma de trabalhar das empresas que, segundo os autores, baseava-se em preceitos de gerenciamento e tecnologias do início do século.

> O problema das empresas americanas é que estão entrando no século vinte e um como empresas projetadas durante o século dezenove para trabalhar bem no vigésimo. Precisamos de algo inteiramente diferente.
> (Michael Hammer & James Champy)

A questão-chave da reengenharia era se fazer a seguinte pergunta: se eu estivesse recriando essa empresa hoje, dado o que eu sei e o nível atual de tecnologia, como ela seria?

Inevitavelmente, a resposta a essa pergunta teria que passar por quatro elementos-chaves:

1. Foco no que é fundamental: o que é o nosso negócio, por que é feito desta forma e quais são as regras e premissas incorporadas nas práticas atuais. A reengenharia ignora "o que é" e concentra-se no que "deveria ser";

2. Busca por resultados superiores. A reengenharia leva a elevados saltos no desempenho – não melhorias incrementais;

3. Redesenho radical. A reengenharia é sobre reinventar o negócio – não fazendo mudanças superficiais ou melhorias marginais nas velhas formas de fazer as coisas;

4. Uma orientação nos processos de negócios. A reengenharia evolui em torno de processos de negócios – não tarefas, descrições de cargos, pessoas ou estruturas. Um processo de negócio obtém uma ou mais entradas e gera, como saída, valor

Inove ou morra!

ao cliente. Um processo de negócio só tem sentido se gerar valor agregado (e não simplesmente atividades internas).

A reengenharia se diferenciava de outras práticas de mercado como o *downsize*, a redução de níveis hierárquicos, qualidade total e automação, pois visava ao redesenho do processo geral fim a fim, e não uma mudança na estrutura organizacional ou uma melhora contínua de um processo existente por meio de correções ou maior eficiente.

Em oposição, a reengenharia procurava descartar os processos existentes inteiramente e substituí-los por processos inovadores, que oferecem saltos de desempenho.

Os pontos principais a ter em mente sobre as bases estruturais da reengenharia dos processos de negócio são:

• Processos e não organizações são objeto de reengenharia. Portanto, as empresas não aplicam reengenharia em suas vendas ou departamentos de fabricação - elas fazem reengenharia no trabalho que esses departamentos fazem;

• A tecnologia da informação é o principal facilitador do programa de reengenharia. A maioria das aplicações mudará a forma como a empresa pensa suas informações;

• A reengenharia nunca está focada na correção de processos antigos, que oferecerá melhorias marginais na melhor das hipóteses. Em vez disso, a reengenharia está focada em avanços - saltos quânticos à frente.

Um ponto importante é que a reengenharia só fora proposta devido a evoluções tecnológicas surgidas na década de 80. Naquele período, uma segunda onda de inovações tecnológicas veio à tona com o computador pessoal (PC – *Personal Computer*), a *Internet*, a rede local de computadores, o banco de dados relacional, sistemas de gestão integrados – ERP, avanços digitais que exigiam um repensar radical das entregas (valores e processos) das empresas.

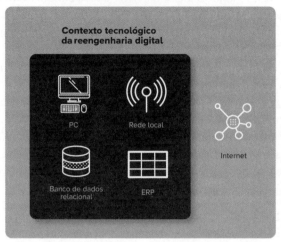

Se olharmos para trás, no contexto da reengenharia dos anos 90, podemos encontrar uma certa sinergia com o atual momento que estamos passando, pois, da mesma forma, agora estamos também passando por uma nova onda de inovação digital que exige um repensar radical de como fazemos as coisas e o que entregamos aos nossos clientes.

Inove ou morra!

Naturalmente, o foco hoje não está em eliminar o retrabalho, as muitas subdivisões e especializações do trabalho, advindos da revolução industrial, retirar as ilhas departamentais e fazer a empresa ser vista como processos fim a fim.

Porém uma abordagem semelhante é necessária, considerando que os avanços tecnológicos criaram oportunidades tão grandes, que um olhar simples sobre os processos a fim de evoluírem não será suficiente.

Dessa forma, proponho a apropriação do termo, não da forma original, mas por meio de uma evolução do mesmo, pois ele se adéqua muito bem à realidade atual, a qual exige um grande repensar dos processos.

Reengenharia digital

A Reengenharia Digital tem como objetivo ajudar as empresas a repensarem como elas entregam valor e fazem o seu trabalho, a fim de atenderem as novas expectativas dos clientes digitais, reduzirem os custos operacionais e se tornarem competidoras de classe mundial.

> **Fazer reengenharia digital refere-se a utilizar pessoas e tecnologias para gerar valor para pessoas, por meio do redesenho da proposta, da operação e dos processos.**

As iniciativas da reengenharia digital envolvem tipicamente direcionar o negócio para as seguintes características:

1. Utilização de inovações sustentadas por meio da observação dos impactos das inovações disruptivas e radicais;

2. A proposta de valor é readequada à nova realidade de expectativas dos novos consumidores digitais;

3. Os processos de negócio são flexibilizados e agilizados por meio da otimização e fortalecimento das pessoas dentro da organização em oposição ao controle delas.

4. Os processos de negócios são ampliados e automatizados por sistemas robóticos;

Luiz Guimarães

1 - A necessidade de readaptação da proposta de valor
Vimos no capítulo dois que a vivência das novas tecnologias está mudando as expectativas das pessoas sobre a forma de consumo, trabalho, estudo, entretenimento e modo de viver.

As novas expectativas são, na verdade, incorporações pelos consumidores de um novo conjunto de benefícios esperados e desejados, em relação aos produtos e serviços por eles consumidos. O entendimento dos benefícios é importante, porque o conjunto deles compõe a proposta de valor da oferta de produto ou serviço.

> Proposta de valor = conjunto de benefícios

Dessa forma, se os consumidores alteram as expectativas de quais atributos são vistos por eles como benefício, isso impacta a sua proposta de valor, porque da perspectiva do comprador, se mantendo estável o custo, quanto menos benefícios a sua proposta tiver, menos valor percebido ela terá para ele.

> Valor = benefícios – custo

Com isso, instaura-se um grande risco quando as pessoas começam a enxergar valores diferentes das suas atuais ofertas, ou seja, o que antes tinha muito valor passa a ter pouco. Em alguns casos, o que antes tinha algum valor percebido, agora passa a não ter, simplesmente pela mudança das expectativas da variável benefício.

A partir desse momento, se nada for feito, a sua proposta passa a perder valor devido aos novos padrões de valores ofertados e incorporados por novos produtos e serviços advindos de novas tecnologias.

> De forma categórica, posso afirmar que uma grande parte das empresas possui propostas de valores "caducas", que precisam urgentemente de revisão, uma modelagem que permita estar em consonância com as novas expectativas e exigências advindas do digital.

Inove ou morra!

Gosto do exemplo da *Encyclopedia Britannica*, uma empresa centenária fundada em 1768, ou seja, referência definitiva em língua inglesa por um grande período antes da *Internet*. Várias dezenas de grandes volumes encapados e armazenados em residências, escolas e bibliotecas.

Com mais de 240 anos de história, posso dizer que as três últimas décadas foram as mais desafiadoras para esta companhia. Desafiada por concorrentes inesperados, como uma gigante de *software* (*Microsoft*) ou por uma enciclopédia colaborativa e gratuita (*Wikipédia*).

Em 2012, a *Encyclopedia Britannica* anunciava a impressão de seu último volume. Como dito por David L. Rogers, "Mais uma empresa tradicional, nascida antes da chegada da *Internet*, tinha sofrido ruptura ou disrupção – levada de roldão pela lógica esmagadora da revolução digital. Só que não era verdade".

A década de 90, com a proliferação de computadores pessoais (*PCs*), monitores coloridos e *kits* multimídias, fora o cenário perfeito para uma primeira investida de uma nova proposta de valor da *Britannica*, apostando em edições da enciclopédia via *CD-ROM*.

Contudo, ao oferecer a nova proposta de valor, graças às novas capacidades tecnológicas criadas, a companhia adentrou em um mercado com novos concorrentes inesperados, como a *Microsoft* e sua enciclopédia *Encarta* (gratuita dentro do sistema operacional *Windows*), que teve uma estratégia de posicionar os computadores pessoais como investimento básico em educação para as famílias.

Algum tempo depois, com a ascensão da *web* e consequentemente o declínio do *CD-ROM*, o novo concorrente já passou a ser diversas alternativas *online*, que depois se consolidaram na *Wikipédia*, financiada e produzida de forma colaborativa e coletiva pela comunidade *online*.

Luiz Guimarães

Segundo resumido por David L. Rogers:

> A *Britannica* concluiu, então, que o comportamento dos clientes estava passando por transformações drásticas, com a adoção de novas tecnologias. Em vez de tentar defender o velho modelo de negócios, os líderes da empresa procuraram compreender as necessidades de seus principais clientes – usuários domésticos e instituições educacionais, principalmente no âmbito do ensino fundamental e do ensino médio, até a universidade. A Britannica experimentou, portanto, diferentes veículos de entrega, políticas de preços e canais de vendas para seus produtos, mas manteve o foco em sua missão central: qualidade editorial e serviços educacionais. Dessa maneira, foi capaz não só de deslocar a enciclopédia para um modelo puro de assinatura *online*, mas também de desenvolver novas ofertas de produtos correlatos, para atender às necessidades em evolução dos currículos e do aprendizado em sala de aula.

Como pôde ser visto, a *Britannica* não fechou suas operações em 2012, mas retirou do seu portfólio uma proposta de valor envelhecida. Gosto deste estudo de caso, pois evidencia como a mudança de expectativas dos consumidores mudaram em consequência da evolução tecnologia.

Isso forçou a *Britannica* a atualizar, constantemente, sua proposta de valor, ou seja, não é que as pessoas não precisavam mais de fontes seguras e ricas de informações e consultas, muito pelo contrário. Porém, elas tinham outras expectativas sobre como ter acesso ao produto/serviço. A tabela a seguir resume esta ideia.

A cada evolução da proposta de valor, fica claro o incremento de expectativas dos consumidores em termos de conveniência, o que exigiu, por parte da *Britannica*, a entrega de novas conveniências aplicadas aos seus atuais e excelentes produtos.

Inove ou morra!

Expectativa dos clientes	Proposta de valor	Produto
Ter capacidade de fazer pesquisa e obter conhecimento.	Reunião de vasto conhecimento confiável em texto e imagem.	Conjunto de 32 grandes volumes.
Computadores pessoas, monitores coloridos e kits multimídias		
Ter acesso rápido e mais conveniente ao conteúdo desejado em formatos mais ricos.	Reunião de vasto conhecimento confiável em texto, imagem, som e vídeo em um formato móvel e compacto.	CD-ROM.
Internet e world wide web		
Ter a conveniência de acesso a conteúdo atualizado em qualquer lugar, em formatos mais ricos e interativos.	Reunião de vasto conhecimento confiável em texto, imagem, som, vídeo, fóruns e *quiz* rapidamente atualizados e em qualquer lugar.	Enciclopédia *online*.

De forma óbvia, para cada nova proposta de valor, novas formas de relacionamento, cadeias de entrega, recursos e modelos de cobrança eram necessários. Por exemplo, podemos citar a mudança dos Ps de *marketing*, mais precisamente, o P da praça e o da promoção.

Antes, os vendedores vendiam volumes impressos para os clientes finais, para depois vender lotes de enciclopédias, em *CD-ROM*, para varejistas que iriam vender, posteriormente, aos consumidores finais.

Luiz Guimarães

Analisando o exemplo da *Encyclopedia Britannica*, vimos como a vivência digital alterou as expectativas de conveniência que promoveram a mudança da proposta de valor da empresa.

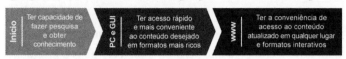

O nível de conveniência gerado pela *web* de acesso rápido (como uma busca de um termo) de qualquer lugar, a qualquer hora, de qualquer dispositivo a um conteúdo interativo atualizado e mantido diretamente pelo fornecedor, inviabilizou a enciclopédia em grandes e pesados livros.

Veja, o que foi inviabilizado foi a forma de acesso ao conteúdo e não o conteúdo em si. O produto central, a geração de conteúdo de alta qualidade continuou válida e necessária. O que precisou mudar foram os produtos ou serviços necessários para a entrega do produto central (o que se chama de produto ampliado).

> **Outro ponto muito importante para o engenheiro digital ter consciência é que os consumidores não querem os produtos, mas sim a solução que estes oferecem.**

O caso clássico deste exemplo é a furadeira elétrica. Se pensarmos como produto, os clientes compram a furadeira. Contudo, se pensarmos como valor ou solução, de fato, os clientes estão comprando o furo. Pensar no valor é fundamental, pois, de outra forma, o pensamento estreito no produto prejudicará a readequação da proposta de valor.

As empresas que vendiam guias de ruas e mapas acreditavam ser produtoras de guias e mapas, um erro clássico de misturar "o que sou" com "o que vendo". O foco estreito no produto fez com que muitas empresas enxergassem a tecnologia do GPS (*Global Position System*) como um produto concorrente ou uma ameaça.

Inove ou morra!

Se focassem no valor ou solução que o produto delas ofereciam, ao invés de olhar para o produto, elas perceberiam que, na verdade, não eram produtoras de guias e mapas, mas empresas que permitiam que as pessoas chegassem aos seus destinos de forma mais simples e rápida.

Com essa outra visão, o GPS não seria uma ameaça, mas uma nova tecnologia que permitiria oferecer mais conveniência aos seus clientes. Como podem perceber, não tinha nada de errado no produto central. Os benefícios básicos nas quais os clientes buscavam ao comprar o guia ou o GPS ainda estavam lá. O que mudou foi a expectativa de conveniência para tê-los.

A dor do cliente	Chegar ao destino
As empresas acreditavam ser.	Produtora de guias e mapas.
O PRODUTO.	Guias e mapas impressos.
Qual a visão que deveriam ter de seu valor de entrega.	Permitir que as pessoas chegassem aos seus destinos de forma mais simples e rápida.

Quais conveniências foram essas que a tecnologia do GPS disponibilizou? Podemos citar duas grandes:

1) Busca rápida e simplificada do destino: uma clara economia de tempo, entre digitar um endereço ou destino comercial em um teclado *touch screen* ao invés de folhear diversas folhas procurando em uma lista ordenada alfabeticamente, para depois posicioná-la no mapa.

Luiz Guimarães

2) Posicionamento automático no mapa: permitiu mais segurança e autonomia ao motorista, uma conveniência de esforço. Já reparou como muitas pessoas têm dificuldade de localização espacial em um mapa? O GPS retira de nossa obrigação, o posicionamento de onde estamos no mapa.

Além disso, o posicionamento inicial era a parte mais fácil do trabalho. Quem já andou com mapa físico lembra-se de quão desgastante é o reposicionamento (onde estamos?) no mapa, à medida em que nos deslocamos entre diversas ruas e avenidas.

Após um tempo, o uso de GPS automotivo acabou incrustando nas pessoas um novo padrão de expectativa de conveniência. Porém, com a visão correta no valor da entrega e não no produto, essas empresas aproveitariam o processo de evolução tecnológica, para melhorar a oferta de conveniência, aplicando não só o GPS, como também as novas oportunidades que não parariam de surgir.

Um exemplo disso são os aplicativos de recomendação de trajetos, com uso de dados de tráfego e trânsitos em tempo real, como o *Waze*. Possibilitado devido ao surgimento dos *smartphones*, agindo como sensores conectados, enviando dados em tempo real.

Essa nova tecnologia tornou o uso do GPS, de forma isolada, uma proposta de valor um pouco ultrapassada, já que permitiu trazer para as pessoas, novas conveniências como:

1) Deslocamento por um caminho mais eficiente e rápido: uma conveniência de redução de tempo extremamente importante em grandes centros urbanos;

2) Certa previsibilidade do tempo de chegada: uma conveniência de controle sobre a operação.

Inove ou morra!

Inovação tecnológica	GPS - Sistema de Posicionamento Global
Tipo de conveniência em que atuou.	Redução de esforço.
Nova expectativa de conveniência.	1) Busca rápida e simplificada do destino; 2) Posicionamento automático do mapa, o que permitiu mais segurança e autonomia.
Inovação tecnológica.	*Waze*.
Tipo de conveniência em que atuou.	Economia de tempo.
Nova expectativa de conveniência.	1) Deslocamento por um caminho mais eficiente e rápido; 2) Certa previsibilidade do tempo de chegada.

    É muito mais fácil criar, incorporar e comunicar valor, se conseguir entender o que os clientes estão comprando. Como vimos no exemplo das empresas de guias de rua, grande parte delas não percebe isso. Estão focalizadas nos próprios produtos e serviços, não no valor que os clientes esperam receber.

    Escolas profissionalizantes acham que estão vendendo cursos, enquanto os clientes estão comprando colocação no mercado, crescimento profissional e bom salário. Operadores de saúde acham que estão vendendo planos de saúde, enquanto os clientes estão comprando a segurança de que poderão tratar possíveis doenças.

    Restaurantes à la carte acham que vendem refeições gostosas, enquanto os clientes estão comprando momentos de prazer e confraternização. Ficar aberto às oportunidades dos avanços tecnológicos significa entender exatamente qual é a sua entrega de valor para poder incorporá-lo.

Luiz Guimarães

Produto central é a incorporação de todos os benefícios procurados pelo consumidor quando compra um produto. Os benefícios centrais são todos os benefícios funcionais que resolvem problemas, desejos e necessidades das pessoas.

Os clientes compram o produto central por meio de vários produtos reais existentes no mercado. Dessa forma, entendemos que o real resulta da concretização (materialização) do benefício central, num produto real de características como qualidade, marca, funções, estilo e embalagem.

A esse produto real é acrescentado o ampliado, que compreende serviços e benefícios adicionais como serviços pós-venda, canais de atendimento, entrega a domicílio, crédito, instalação, facilidades e garantia.

> **Quando falamos em readequar a proposta de valor, estamos nos referindo a colocar as conveniências que são esperadas pelos clientes, por meio de sua vivência digital, no produto ampliado, e não no central.**

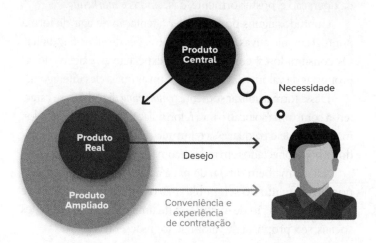

Inove ou morra!

Com isso, gostaria de completar que os benefícios de conveniência e do vínculo emocional incrementam o produto central (que oferece os benefícios funcionais ou de sucesso) da sua atual proposta de valor. Todavia, seu foco, na digitalização do seu negócio, deve ser em incluir os benefícios de conveniência.

Após a aplicação, fique livre para implantar os benefícios emocionais, completando, assim, os três componentes da experiência do cliente vistos no capítulo dois, que são: sucesso, esforço e emoção. A conveniência possui uma força de expectativa e exigência por parte dos clientes muito maior, ou seja, os benefícios de conveniência são vistos como características esperadas (exigidas/obrigatórias), enquanto que os benefícios emocionais são vistos como ganhos desejados ou inesperados (diferenciadores).

> Valor =
> (benefícios funcionais + benefícios de conveniência + vínculos emocionais)
> – custo

Assim sendo, a evolução digital do seu negócio deve ser obra de uma reengenharia digital da proposta de valor, seguida da operação e, posteriormente, das vendas e *marketing*.

Contudo, alguns podem ceder à tentação de agir de forma pontual em iniciativas tecnológicas ou ações de *marketing* digital. Os consumidores, com suas novas expectativas, exigem novas propostas de valores das empresas com as quais eles interagem.

Dessa forma, utilizar somente o *marketing* digital não se caracteriza como uma solução para a reformulação da proposta de valor, mas como meio na qual essa reformulação alcançará os consumidores hoje conectados em redes e com farto acesso à informação.

De forma bem direta, de nada adianta a busca incansável por engajamento do seu público-alvo por meio de criação de *Apps*, reformulação de *websites* ou de uma boa gestão das redes sociais, se a proposta de valor não for redesenhada.

Luiz Guimarães

Seria somente uma nova e eficiente forma de promoção da velha proposta. Inevitavelmente, não atenderia aos novos anseios dos novos consumidores.

Tenho que destacar, também, que adquirir e implantar tecnologias "da moda" de mercado, não alteram esse fator. Não se trata da capacidade tecnológica do seu *data center*, ou da última versão da ferramenta de *business intelligence* que você possui.

Essas tecnologias são capacidades que devem ser desenvolvidas internamente, mas como ferramentas de apoio aos novos processos redesenhados, que darão suporte à nova forma de trabalho otimizado da empresa e à nova proposta de valor dos seus produtos.

No livro *Liderando na era digital*, exposto na introdução, o desempenho superior das empresas caracterizadas como mestres digitais era ainda mais impressionante, sobre as companhias que só desenvolviam suas capacidades tecnológicas, as quais os autores chamaram de "empresas flashionistas".

Em comparação a essas empresas, os mestres digitais geravam apenas um pouco mais de receita (3%) sobre bens tangíveis, mas obtinham uma lucratividade espantosamente superior, de 37%, provando que não se trata somente de aplicação de ferramentas tecnológicas.

Com isso em mente, transformar-se em digital não se trata, como já foi dito, de uma modernização tecnológica da companhia, mesmo que esta modernização seja importante e base fundamental para que tudo possa ocorrer. O departamento de TI deve, se ainda não o fez, mudar sua postura de área provedora de infraestrutura, para área provedora de serviços e agente estratégico do negócio.

Acredito, pelo que vejo de forma empírica, que esses avanços tecnológicos e mudanças de expectativas dos consumidores ainda precisam ser incorporados na maioria das empresas no mundo. Quando digo incorporar, não estou me referindo às evoluções normais, que pressionam naturalmente os negócios que as aplicam espontaneamente.

Inove ou morra!

Estou falando aqui de uma grande mudança, um *Tsunami* que se iniciou, que precisa e exige uma reengenharia digital dos negócios, um evoluir da proposta de valor e um refazer dos processos, uma mutação para as mais novas expectativas do mundo digital.

2 - A inovação sustentada no lugar da inovação disruptiva ou radical

Vimos, no capítulo um, que empresas tradicionais, naturalmente, inovam de modo incremental com o objetivo de se adaptarem às mudanças de ambiente ou melhorarem desempenho.

Habitualmente, inovações disruptivas são muito difíceis de serem criadas e as radicais são muito arriscadas e caras. Comentei, na ocasião, que as inovações disruptivas existem e continuarão existindo, contudo, não precisam ser exercidas por todos, como exigência de perenidade.

Por outro lado, a capacidade de observação dos impactos dessas inovações nas pessoas é uma competência que deve ser exercida sempre, principalmente em momentos como esse, em que os avanços tecnológicos foram pronunciados.

O foco deve ser adaptar a sua proposta de valor às mudanças de expectativas geradas por grandes inovações. Em outras palavras, se já existe uma nova expectativa por parte dos consumidores, é porque alguma determinada inovação disruptiva já foi criada! Identifique essa expectativa e a incorpore em sua nova proposta de valor.

Há um ponto importante aqui. A reengenharia digital exige um repensar radical de como fazemos as coisas e o que entregamos aos nossos clientes. Seu objetivo está em reinventar o negócio, sem mudanças superficiais ou melhorias marginais. Dessa forma, podemos afirmar que o resultado da mudança é radical, mas não por meio de inovação radical ou disruptiva.

Luiz Guimarães

3 - Os processos de negócio são flexibilizados e agilizados pela otimização e fortalecimento das pessoas dentro da organização, em oposição ao controle

Entendendo por processo toda a cadeia de atividades que entrega valor ao cliente, é oportuno desenvolver uma verdadeira revolução no desenho do mesmo. Dessa forma, o trabalho é feito de trás para a frente, começando com a definição da nova proposta de valor e retrocedente ao novo desenho dos processos necessários para entregar a nova proposta.

Nesse redesenho, a capacidade e habilidade de inovar e aplicar novas tecnologias entram em cena para se beneficiarem da grande oportunidade de ganho de escala, velocidade, qualidade e redução de custo que as novas tecnologias proporcionam atualmente.

Atender às expectativas dos novos consumidores vai muito além de processo fixo e industrial. A disputa pela atenção, melhor experiência e conveniência do cliente será muito acirrada. As empresas precisarão surpreender e se diferenciar no mercado ainda mais competitivo do futuro, onde o acesso aos dados para atendimento individualizado será mais farto, diferentemente da estratégia de atendimento em escala.

Os clientes cativos não se sentirão bem, sendo tratados como um cliente qualquer. Exigirão rapidez de respostas e tratamento de incidentes. Exigirão a mesma capacidade cognitiva, agilidade e flexibilidade que eles já encontram em diversos serviços que usam.

A boa notícia é que essa agilidade e flexibilidade dos processos pode ser obtida pela terceirização para as máquinas, atividades de desenho de processos e definição de fluxo de trabalho. A operação seria otimizada para a individualidade dos clientes, com melhores resultados e menos riscos, sem que as pessoas se dessem conta disso.

Os humanos que restarem no processo precisarão melhorar suas capacidades. Provavelmente, muitos consumidores se sentirão melhor sendo atendidos por pessoas reais, que possuam capacidades de sistemas, do que por sistemas autônomos tentando agir como pessoas.

Nesse contexto, é imprescindível potencializar os profissionais com ferramentas mais modernas. O velho modo de fazer as coisas, como fornecer um terminal de acesso a sistemas de gestão para consultar dados transacionais, não será suficiente. Sistemas analíticos, *machine learning*, robôs, *big data* e realidade aumentada são exemplos de tecnologias com potencial de criar super profissionais, aos quais chamo de "profissionais *cyborgs*".

Esses devem ter acesso rápido, imediato e móvel às informações analíticas mais profundas, que permitam conhecer melhor os clientes e auxiliem a tomada de decisão. Além de cognição e consciência otimizada, esses profissionais podem ter sua velocidade e força multiplicada.

A mistura de humano e máquina será o novo normal. Imagine uma atividade fundamentalmente de interação humana em um hotel de luxo. O atendente, utilizando os óculos com capacidade de realidade aumentada, identificará o hóspede por reconhecimento facial e exibirá na tela dos óculos diversas informações, como seu nome (para uma saudação mais próxima), sua última estada e características pessoais.

Pode ficar sabendo que o mesmo recebeu alguns convidados em uma sala de reunião específica, tomou um vinho tradicional da casa e teve alguns lances de azar no cassino. Munido de uma consciência e cognição elevada de forma instantânea, criará um "novo padrão" de atendimento, que atenderá as novas expectativas do cliente.

4 - Os processos de negócios são ampliados e automatizados por sistemas robóticos

No contexto dos processos corporativos, o ERP foi a grande estrela tecnológica. Impulsionadora da primeira reengenharia de processos de negócio, pois permitia integrar todas as áreas da empresa em uma única visão compartilhada de dados, permitindo, pela primeira vez, existir uma visão de processo fim a fim.

Luiz Guimarães

A partir de então, era possível ter uma visão sistêmica do negócio e seu fluxo de informação. O trabalho era feito no local mais apropriado, somente uma vez, abolindo uma série de tarefas e dados redundantes que, inevitavelmente, criavam inconsistências. Permitia eliminar ainda mais algumas outras funções que eram responsáveis por fazer checagens, validações e correções de erros de integração entre as áreas funcionais da empresa.

Contudo, mesmo que os ERPs tenham automatizado e eliminado funções feitas anteriormente por pessoas, estamos à beira de um novo ciclo de automatização muito maior. Os sistemas autônomos e robóticos entrarão de vez no organograma das empresas, desde os níveis operacionais, até, possivelmente, aos conselhos.

Diversas atividades operacionais poderão ser substituídas por sistemas autônomos, como operadores de sistemas, motoristas, operadores de máquina, atendentes de diversos canais de atendimento etc.

O ERP fez uma verdadeira revolução na integração interna das empresas, a partir da década de 90. O que o futuro nos permite agora é uma revolução de integração externa das organizações. A empresa, antes uma entidade física, se tornará um *software* com portas de acesso funcional (chamada tecnicamente de *API - application programming interface*) a demais entidades empresariais e pessoas, também *software*.

Como Marc Andreessen cunhou em 2011, em seu famoso artigo no *Wall Street Journal*, "*Why Software Is Eating the World*" (por que o *software* está comendo o mundo:

> Toda empresa precisa se tornar uma empresa de *software*.

Para uma corporação, um mundo externo integrado gerará os mesmos benefícios de um ambiente interno. Os mesmos ganhos de redução de custo, agilidade e desempenho podem ser alcançados em um sistema integrado, sem intermediários e com informações centrais e compartilhadas.

Isso, de certa forma, é realidade com o universo de criptomoedas. O *bitcoin* é um modelo de integração externa, com bancos de dados únicos e sem intermediários, onde o dinheiro e as carteiras são *softwares*. Agora, imagine o impacto disso em um modelo amplamente utilizado pelas pessoas e empresas.

As possibilidades são inúmeras e pouco exploradas. Redesenhando os processos de forma radical, é possível alcançar um novo nível de automatização das atividades. Robôs físicos e digitais, sistemas autônomos (direção, voo, atendimento etc.), inteligência artificial em reconhecimento de padrões, capacidades de comunicação artificial natural e integração homem-máquina são algumas das tecnologias que podem levar a níveis de automação nunca pensados.

Resumo

A BPR (*Business Process Reengineering*) visou ajudar as organizações a repensarem, fundamentalmente, como elas faziam o seu trabalho, a fim de melhorar drasticamente o atendimento ao cliente, reduzir os custos operacionais e as tornarem competidores de classe mundial. De forma prática, a reengenharia significava planejar de novo o negócio em uma folha limpa de papel, com o objetivo de reconstruí-lo melhor.

• Para a reengenharia, para ter sucesso, as corporações devem ter estruturas e processos que:

• Sejam rápidos;

• Entreguem alta qualidade de forma consistente;

• Sejam flexíveis;

• Sejam de baixo custo.

• Para responder à pergunta "Se eu estivesse recriando esta empresa hoje, dado o que eu sei e o nível atual de tecnologia, como esta empresa seria?". Inevitavelmente, a resposta teria que passar por quatro elementos-chaves:

Luiz Guimarães

- Foco no que é fundamental;
- Busca por resultados superiores;
- Redesenho radical;
- Uma orientação nos processos de negócios.

• Fazer reengenharia digital refere-se a utilizar pessoas e tecnologias para gerar valor por meio do redesenho de uma proposta, de um valor, da operação e dos processos.

• As iniciativas da reengenharia digital envolvem, tipicamente, direcionar o negócio para as seguintes características:

1. A proposta de valor é readequada à nova realidade de expectativas dos novos consumidores digitais;

2. Ampliação das inovações sustentadas por meio da observação dos impactos das inovações disruptivas;

3. Os processos de negócio são flexibilizados e agilizados por meio da otimização e fortalecimento das pessoas dentro da organização em oposição ao controle delas;

4. Os processos de negócios são simplificados e automatizados por sistemas robóticos.

• É fundamental separar o que você entrega (quem você é), do que você vende. O estudo de novas possibilidades de conveniência deve ser feito sob a luz do valor e não do produto que você entrega.

• Seu foco não deve estar em criar, desenvolver e inovar o seu produto central. Se sua empresa é um negócio bem estabelecido, muito provavelmente não tem nada de errado com o seu produto central.

• Quando falamos em redesenhar a proposta de valor, estamos nos referindo a colocar as conveniências que são esperadas pelos clientes, por meio de sua vivência digital no produto ampliado e não no central.

Inove ou morra!

• Cabe ao engenheiro digital analisar e descobrir inconformidades entre as expectativas atuais dos clientes *versus* suas ofertas de produto ou serviço, a fim de propor uma readequação da proposta de valor.

• Os benefícios de conveniência e vínculo emocional incrementam o produto central (que oferece os benefícios funcionais ou de sucesso) da sua atual proposta de valor. Todavia, seu foco na digitalização do seu negócio deve incluir os benefícios de conveniência. Após a aplicação destes, fique livre para implantar os benefícios emocionais.

• Os benefícios de conveniência são vistos como características esperadas (exigidas/obrigatórias), enquanto que os benefícios emocionais são vistos como ganhos desejados ou inesperados (diferenciadores).

Luiz Guimarães

Os princípios da aplicação da reengenharia digital

10

Introdução

Digitalizar um negócio é atender às expectativas do consumidor digital. Podemos resumir isso como sendo um novo padrão de exigência de comodidade por parte do consumidor, em sua jornada de contratação e usufruto de serviços. Para entregar esse novo padrão, o engenheiro digital deverá propor um repensar da proposta de valor atual para aplicá-lo na empresa.

Muito provavelmente, sua proposta de valor redesenhada terá impactos nos processos que a entrega, incitando mudanças como, por exemplo, uma melhoria no tempo de entrega de mercadorias, um novo canal de atendimento, um novo serviço etc.

Inove ou morra!

Meu objetivo neste capítulo é oferecer uma estrutura que sirva de referência na reengenharia digital da sua operação. Enquanto o capítulo anterior orientava sobre o que fazer, este tentará guiá-lo sobre como fazer, ou seja, após o redesenho da proposta de valor, faz-se necessário o redesenho da operação e do processo que entrega esse valor.

Objetivo do capítulo anterior	Objetivo do capítulo atual
O que fazer.	Como fazer.
Alinhamento com o cliente.	Entrega ao cliente.
Redesenho da proposta de valor.	Redesenho da operação e do processo que entrega o valor.

Para alcançar o atendimento pleno da proposta de valor, mudanças gerais serão necessárias, principalmente nas pessoas e na cultura da empresa. Lembre-se, a mudança é possibilitada pela tecnologia, mas é aplicada nas pessoas, processos e cultura.

Nesse ponto, gostaria de alinhar a expectativa correta sobre como a tecnologia possibilita essa mudança. Talvez você tenha a expectativa de que todas essas novas tecnologias são produtos que podem ser adquiridos e aplicados no negócio.

Muitos ainda não são. Provavelmente por não estarmos ainda na fase de maturação de produtos dessa onda, muito dessas tecnologias são ainda só tecnologias, ou seja, nem todas podem ser adquiridas como produtos do mercado.

Luiz Guimarães

Caberá à sua empresa ou a seus parceiros tecnológicos a competência de criar e/ou integrar o ambiente existente do negócio com os conceitos. *Frameworks*, produtos e/ou projetos da comunidade de *software* livre disponíveis.

A estrutura da reengenharia dos processos

A reengenharia de processos de negócio, ocorrida na segunda onda de inovação, permitiu o repensar radical dos processos por meio da eliminação de funções, simplificação de atividades e redesenho do fluxo do trabalho. Com a possibilidade do compartilhamento dos dados, era possível ter uma única visão de toda a cadeia de valor interna. Além disso, o fluxo de informação tornou-se mais confiável e seguro.

Trabalhos repetidos que ocorriam em áreas diferentes puderam ser eliminados, mantendo somente o primeiro da cadeia. Atividades como a conferência ou, ainda, a conferência da conferência, não faziam mais sentido, pois a informação era única e registrada somente na origem. Validações e consolidações poderiam ser feitas automaticamente ao pressionar de um comando.

Um parêntese: engana-se quem pensa que se tratava de mera substituição de pessoas ou funções por máquinas para economia de despesas. O que se buscava era eliminar atividades que não agregavam valor, pelo contrário, ocasionavam problemas de morosidade e inconsistência ao negócio. Eram funções que existiam por deficiência do modelo, por não haver forma ou tecnologia que pudesse eliminá-las.

Se um processo é um conjunto de atividades sequenciais que agregam valor ao cliente, essas funções não deveriam fazer parte do processo, pois existiam para agregar valor a si. Ninguém queria ou desejava tais atividades, elas simplesmente existiam por questões de deficiência de fluxo e controle, um requisito de funcionamento de um modelo falho.

Inove ou morra!

Outro benefício importante trazido pelas novas tecnologias, na década de 90, que proporcionou fortes mudanças nas corporações, foi o empoderamento profissional. O computador pessoal, a rede de computadores, o banco de dados e a *Internet* otimizaram as pessoas com novas possibilidades de comunicação, amplo acesso à informação, novas capacidades analíticas e ferramentas de automação de trabalho.

Se colocássemos lado a lado um típico profissional da década de 70 e um profissional do contexto da reengenharia, com desenvoltura e acesso a um *software* de processamento de texto, uma impressora, uma conta de *e-mail*, acesso à intranet (rede local) da companhia, conexão a *web*, permissão de acesso ao sistema de gestão empresarial e uma planilha eletrônica, posso garantir que o profissional da década de 70 pareceria um dinossauro, dada a discrepância de eficiência entre eles.

Perceba que essas ferramentas capacitaram o trabalhador a ter maior consciência e saber. Suas decisões e ações passaram a ser mais rápidas, seus trabalhos operacionais mais prazerosos e eficientes e sua comunicação mais célere e confiável.

> Com isso, podemos resumir que a tecnologia, que viabilizou a reengenharia de processos na década de 90, permitiu retirar atividades intermediárias internas da empresa, que não geravam valor, além de servir de ferramenta para empoderar os profissionais na execução dos processos.

Desafios da reengenharia de processos

Nem tudo "foram flores". Antes de discutir sobre a estrutura da reengenharia digital, gostaria de explorar os principais desafios, no contexto deste livro, da velha reengenharia, que são as questões da agilidade de mudança e a plataforma de dados. Primeiro, vamos analisar a agilidade.

Luiz Guimarães

Os ERPs, ou melhor dizendo, os seus algoritmos, eram os responsáveis por aplicar o modelo do processo redesenhado pela atividade de reengenharia, a partir da década de 90. Os engenheiros, após observar os processos, avaliavam necessidades futuras e faziam a proposta de evolução dos mesmos, cabendo aos desenvolvedores de *software* a atualização do código do sistema para readaptá-lo às novas necessidades.

Toda atualização exigia várias etapas, muita discussão, aprovações e levava muito tempo e um alto custo. Às vezes, quando as mudanças finalmente eram aplicadas, o mercado já havia mudado e o novo algoritmo já não era adequado ao processo.

Todas as atividades eram feitas por pessoas e não existiam, na época, ferramentas adequadas para suportar/automatizar o trabalho. Enfim, a reengenharia era limitada pela velocidade e cognição dos humanos.

Porém, mesmo dentro deste contexto, a reengenharia desviou-se, incentivando as empresas a reformular, demasiadamente, os processos com muita rapidez. Além disso, a retórica da reengenharia da "obliteração" era extrema e, em última instância, destrutiva não apenas para os processos, mas também para as empresas.

O outro ponto que gostaria de trazer refere-se à plataforma de dados. Mesmo que o banco de dados relacional tenha sido projetado para entregar uma visão única a toda a empresa, os ERPs falharam em fornecer essa capacidade. Por concepção inicial, não tinham todos os módulos necessários para cobrir as áreas da corporação, relegando algumas atividades específicas ou especializadas para sistemas satélites.

Em contribuição a isso, a *Internet* forçou as empresas a interagirem com o mundo externo, por meio de novos pontos de acesso com clientes e fornecedores que foram endereçados com novas aplicações fora do ERP. Acrescenta-se, ainda, o poder computacional entregue nas mesas dos profissionais.

Inove ou morra!

O *mouse*, a interface gráfica, o gerenciador de banco de dados pessoal e a planilha eletrônica permitiram que o gerenciamento de informações de pequenos processos ou atividades locais pudessem ser construídos localmente, sem a ajuda da área de TI. O resultado disso é possível sentir até hoje, é a proliferação de aplicações e dados pela complexa estrutura de diretórios e componentes da rede de computadores.

Encontrar informações não é a tarefa mais fácil, ainda mais hoje, com a sobrecarga que temos recebido dela. Manter os dados consistentes, mediante a tantas cópias e redundâncias, também é um grande desafio.

Não tão raro, isso causa problemas internos e externos à empresa, como, por exemplo, quando recebemos ofertas de promoção em nosso antigo endereço, de um produto do qual já somos clientes, ou seja, visões diferentes do mesmo cliente (neste caso, dos produtos comprados e do endereço) entre departamentos da mesma empresa.

A reengenharia digital pode e deve evitar esses erros, concentrando-se em um processo central de cada vez. É preciso desenvolver uma plataforma de dados consistente, criando cultura e práticas de trabalho ágeis, além da adoção de tecnologias que permitam mais colaboração e automação, para aplicar o mais rápido possível as mudanças dos processos e, assim, obter sucesso e quantificar os resultados positivos.

A estrutura da reengenharia digital
Se a reengenharia de processo da década de 90 empoderou os profissionais e permitiu a eliminação de atividades intermediárias internas à empresa, que não geravam valor, atualmente, o que esperar de impacto da reengenharia digital?

Igual a primeira reengenharia, agora também temos os dois aspectos citados, o de gerar empoderamento dos profissionais e o da possibilidade de eliminação de atividades intermediarias, esse último com uma ressalva. A eliminação de atividades intermediarias muda de foco, ou seja, passa a ter enfoque nas atividades externas ao invés das atividades internas.

Luiz Guimarães

Quando cito eliminar atividades intermediárias externas, falo dos canais de venda e de todas as cadeias externas que envolvem os fornecedores, parceiros, governos e, inclusive, os clientes. Além desses dois aspectos, outros dois novos surgem, que é a capacidade de permitir que algumas (ou várias) atividades dos processos não precisem mais ser operadas por pessoas, e que os processos sejam dinamicamente redesenhados pelas máquinas.

> **Costumo dizer que, no contexto da década de 90, os processos eram executados por pessoas apoiadas pela tecnologia, contudo, no contexto atual, podemos evoluir o modelo para que os processos sejam executados pela tecnologia apoiada por pessoas.**

Aspectos da reengenharia	
Reengenharia de processos	**Reengenharia digital**
Eliminar atividades e pessoas intermediárias internas.	Eliminar atividades e pessoas intermediárias externas.
Processos operados por pessoas.	Processos operados por máquina.
Processos desenhados por pessoas.	Processos desenhados por máquinas.
Empoderar a força de trabalho.	Empoderar a força de trabalho.

Inove ou morra!

Mas, o que quer dizer de processos executados por tecnologia apoiada por pessoas? Isso significa uma mudança radical no papel dos profissionais, em relação aos processos de negócio. Antes, assumiam a figura de desenhistas, codificadores e executores dos processos, tendo o ERP como ferramenta de trabalho. Agora, o desafio é se tornarem os orquestradores das máquinas que desenharão, codificarão e executarão boa parte dos processos.

Essas possibilidades são bem impactantes e discutirei sobre cada uma, com mais detalhes, um pouco mais à frente. O importante é que elas indicam, em conjunto com a nova proposta de valor, uma nova forma de pensar, pois tentar fazer as coisas da mesma forma aumentará as chances de não alcançar êxito na implantação da digitalização do negócio.

A implantação da nova proposta de valor vai muito além de criar *Apps* para *smartphone* ou *e-commerce*. Como será descoberto, irá ser necessário o uso de novas tecnologias, como, por exemplo, a Inteligência Artificial, para incutir nos processos maior rapidez, ganho de escala, inteligência e integração avançada na cadeia para obter os resultados esperados.

Introdução da implantação da reengenharia digital

Como aplicar os aspectos de melhoria da reengenharia digital? Como evitar os problemas conhecidos da reengenharia de processos, da década de 90?

Vários caminhos podem ser traçados na agenda de digitalização. Cada aspecto, por exemplo, pode ser uma estratégia e, dessa forma, é possível ver empresas que têm como prioridade da estratégia de digitalização o empoderamento de funcionários com melhores informações e ferramentas, enquanto outras focam em automatizar as suas operações.

No entanto, mesmo trazendo diversos benefícios, há que se questionar se ações pontuais focadas em somente um aspecto são suficientes para atender à nova proposta de valor.

Luiz Guimarães

O foco da reengenharia digital está no cliente e sua nova visão do mundo, agora digital. Esse novo consumidor possui novas expectativas e essas exigem um conjunto integrado de práticas, tecnologias e ações. Simplesmente aplicar tecnologias, sem alinhamento ao atendimento dessas novas expectativas, não resolve.

Assim sendo, é mais comum encontrar situações em que a aplicação da nova proposta de valor se faça por meio do emprego de diversos aspectos em conjunto, do que de um único aspecto isolado. Com isso, o ideal seria você ter uma visão holística das capacidades digitais, envolvendo todos os aspectos possíveis.

Para ajudar nisso, decidi apresentar com mais detalhes todos os aspectos em uma ordem que, normalmente, aplicamos em nossas consultorias, que está muito orientado à evolução da maturidade digital dos nossos clientes. Você pode ver essa ordem, também, como etapas de trabalho que o levarão até uma implantação plena da proposta de valor.

Vale mencionar que essa jornada de aspectos apresentada não é um passo a passo ou "receita de bolo" de tecnologias ou *check-list* que deve ser implantado. Cada segmento empresarial, cada proposta de valor, cada negócio é um caso, por isso, deve ser tratado como único.

O meu objetivo com a apresentação é fornecer *insights* e conceitos que considero válidos, cabendo a você desenhar os processos, definir como aplicar as tecnologias, escolher quais produtos adquirir e quais aplicações desenvolver.

Fique livre para utilizá-lo da forma que for mais conveniente, como estrutura, nível de maturidade, etapas que devem ser cumpridas para cada desenho de processo, enfim, adapte-o à vontade, para que ele seja útil de alguma forma.

O gatilho para iniciar a caminhada nessa jornada digital é a definição da nova proposta de valor. Como já visto no tópico da estrutura da reengenharia digital, ela é composta por quatro grandes aspectos,

Inove ou morra!

como mostrado na figura a seguir. Os processos inteligentes são desenhados por máquinas e a cadeia de valor digital refere-se a eliminar atividades intermediárias externas de toda a cadeia de suprimentos. Reservarei um tópico para cada um dos aspectos.

Contudo, a jornada de aplicação da reengenharia digital é mais rica, acrescentando aspectos importantes de trabalho, que são alicerces fundamentais. Inseri esses aspectos extras, que chamarei a partir de agora de princípios, com o objetivo de evitar, em boa parte, os erros conhecidos da reengenharia de processos.

Além disso, acredito que o uso delas dará uma melhor sustentação e visão na aplicação da reengenharia digital, possibilitando a capacidade e a agilidade necessária para iniciar a jornada de digitalização propriamente dita. A jornada completa está exibida na figura a seguir:

Luiz Guimarães

Os primeiros aspectos da jornada tratam sobre a visão que se deve ter do cliente e da empresa e, por consequência, de como devem ser priorizados o tratamento e a disponibilização dos dados. O terceiro aspecto refere-se às questões de cultura, ferramentas e tecnologias ideais para o trabalho de reengenharia digital. Vamos começar a caminhada!

1º Princípio: empoderamento do cliente
Digitalizar é colocar o cliente no centro do negócio. Qualquer ação, sem isso em mente, é apenas investimento em tecnologia. Ao colocá-lo no centro, inevitavelmente, vemos o negócio, os produtos, os serviços e pontos de contatos como componentes que o circundam.

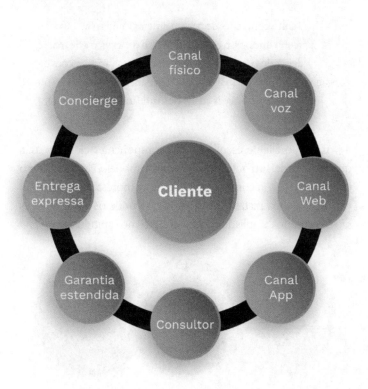

Inove ou morra!

O cliente digital quer economia de tempo, esforço e controle sobre a operação (ver quadro).

> Cada uma das afirmações abaixo pode representar um consumidor digital fazendo referência a um dos grupos de conveniência.
>
> Consigo contratar e usar os seus serviços de forma simples e objetiva, a qualquer momento e de onde eu estiver. (Tempo)
>
> Mesmo que eu mude de canal, o meu esforço não é perdido, pois sou identificado e continuo minha interação do ponto em que parei. (Esforço)
>
> Tenho condições de personalizar as minhas interações e percebo que posso especificar o tipo de serviço que mais é adequado para mim. Além disso, com as várias opções de canal, escolho a que mais me convém para cada tipo de uso ou necessidade de forma irrestrita. (Controle)

Cabe ao cliente escolher quais componentes ele quer usar, quando e onde. Em outras palavras, nesse modelo, ele passa a ter o controle, ou seja, a comodidade. Assim, a empresa pode agir e ser vista como uma plataforma de negócios, onde os componentes são os produtos ampliados que discutimos no capítulo anterior.

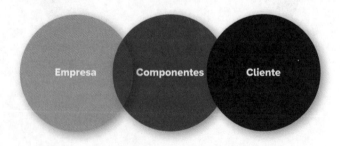

Luiz Guimarães

Se Marc Andreessen estiver certo e o *"software* estiver comendo o mundo", cada empresa deverá se tornar uma empresa de *software*, além de ser uma empresa de "tijolo e cimento". Acredito que muito já foi feito internamente, mas e externamente?

A comodidade exigida pelo novo consumidor, que prefere uma interação mais simples, rápida e sem intermediários é uma prova do sucesso do *Bitcoin/Blockchain* e de *startups* financeiras, como o *Nubank*. Canais digitais como *website* ou *App* são extremamente importantes, contudo não serão suficientes no futuro, tendo as empresas que disponibilizar formas de interação diretas a elas, via interfaces *API* [1] de *software* a *software*.

Um ponto importante é que, certamente, o meio digital será o canal principal onde ocorrerão as comunicações, interações e transações do mundo, mas ele não extinguirá o meio físico; na verdade, eles se complementarão. Essa tendência está visível até mesmo entre os *players* puramente digitais, com suas estratégias de aquisição ou montagem de lojas físicas.

Ficou claro que os novos consumidores querem conveniência e essa é aplicável em grande escala aos meios físicos. Permitir que o cliente inter se relacione entre os diversos canais digitais (como *website* e aplicativo *mobile*) e entre os canais digitais e físicos é uma forma essencial de conveniência.

Existem hábitos que são comuns para os consumidores, como por exemplo, estudar possibilidades em meios digitais, avaliar no meio físico, comprar no digital, receber em casa do estoque regional e, caso seja necessário, trocar na loja mais próxima. Esse tipo de conveniência fornece plena liberdade de controle, economia de esforço e tempo ao consumidor.

Contudo, para que isso ocorra, deve haver uma integração possível entre todos esses meios. Muitas vezes, o mercado chama

---

1 - A sigla API refere-se a *Application Programming Interface* que significa, em tradução para o português, Interface de Programação de Aplicativos. É um conjunto de rotinas e padrões de programação para acesso a um aplicativo de *software*.

Inove ou morra!

a integração dos múltiplos canais de estratégia de *omnichannel*, que se trata da convergência de todos os canais utilizados por uma empresa. Isso faz com que o consumidor não veja diferença entre o mundo *online* e o *offline*, ou seja, independente do canal, sente-se como um único cliente de uma única empresa. Colocar o cliente no centro, é isso.

2º Princípio: disponibilização de uma boa plataforma de dados

Disponibilize todos os canais possíveis, ofereça diversas opções de serviços, permita personalizações, mas apresente todos de forma integrada, pois o cliente só estará no centro, se houver uma plataforma de dados consistente e integrada, que permita a visualização de todos os componentes como parte de um todo uno e não como entes, separados, como se fossem múltiplas empresas distintas.

Ambientes compostos de múltiplos sistemas, sem uma plataforma de dados planejada, tendem a ter dados inconsistentes, com informações espalhadas e conflitantes por toda a rede computacional. Para criar uma única visão do todo para os clientes e colaboradores, os múltiplos componentes que compõem a plataforma da empresa devem ser pensados e construídos sob uma única plataforma de dados.

Por isso, iniciativas isoladas das áreas de negócio, na contratação ou construção de componentes (ferramentas, aplicações, etc.), sem o consentimento da área de tecnologia da informação, o famoso *Shadow IT* deve ser evitado, já que incluirá complexidade e desintegração, descaracterizando a plataforma.

A importância da colaboração e engajamento da área de TI em toda a estratégia, definição da arquitetura e construção do projeto é fundamental.

Se para o cliente "ser o centro" é necessário criar uma plataforma, os dados serão o foco dela. Servirão aos componentes que entregarão valor ao cliente, mas também serão úteis para os profissionais que orquestram e operam os processos. Quanto mais dados forem disponibilizados para os colaboradores, em tese, mais inovações e ações de qualidade serão alcançadas.

Esta plataforma deve normatizar e descrever os dados corporativos, todos eles: os transacionais, os mestres, os estruturados e não estruturados. Possivelmente, o ponto primordial nisso sejam os registros mestres, como cadastros de clientes e produtos. Esses devem ser uma única visão da informação, em toda a organização, independentemente da quantidade de aplicações (e seus cadastros particulares) existentes.

Para atender ambientes mais complexos, soluções específicas de mercado, chamados de MDM ou *Master Data Management* (Gerenciador de Dados Mestres), podem ser utilizados.

Disponibilizar novas propostas de valor sem esses cuidados poderá criar, no cliente, uma ideia de relacionamento difuso e quebrado com a sua marca, além de menos conveniência.

3º Princípio: agilidade no redesenho dos processos

Uma nova proposta de valor é entregue por meio de um desenho minucioso da organização, dos processos e sistemas computacionais. A organização irá definir as especialidades, funções e responsabilidades. O desenho do processo irá determinar todas as etapas necessárias para agregar o valor proposto, em conjunto com os sistemas que garantirão a sua execução e eficiência.

Inove ou morra!

Caberá às pessoas, após o planejamento da organização e dos processos, atuar de forma sincronizada e ensaiada, colocando em ação a idealização de valor que a empresa propôs entregar aos seus clientes.

Em um ambiente de mudanças radicais e/ou muito frequentes, desenhar novos processos e orquestrá-los junto às pessoas é um grande desafio, a começar pela amplitude dos processos, que normalmente possuem atividades agregadoras de valor, por meio de diversas áreas da empresa.

Desenhar um processo que atenda ao cliente e a todos os envolvidos na entrega de valor a ele é um procedimento árduo, que envolve muita análise e discussão. Desenvolver os sistemas adequados para que seja possível a execução dos processos de forma eficiente é um grande desafio, principalmente de tempo de entrega, facilidade de uso e integração com os demais sistemas já existentes.

Por fim, fazer com que todos executem rotinas que mudam com frequência é um grande desafio de busca por padrão de entrega, principalmente quando essas pessoas não possuem a ideia do todo e a importância da sua etapa no processo.

Como impulsionar mudanças mais rápidas nos negócios? De que forma é possível entregar resultados reais de negócios, mais rapidamente? A resposta envolve cultura e conduta da própria organização, além de ferramentas necessárias em seu *kit* tecnológico.

Em termos de conduta e cultura, um fator primordial é a integração e colaboração entre equipes de negócios e, principalmente, a equipe de TI com a de negócio. Desde o início, a área de TI e todas as demais de negócio envolvidas no processo, devem participar do esforço de redesenho.

Da mesma forma, o desenvolvimento de aplicativos não pode ser uma atribuição exclusiva da área de TI, a qual deve apoiar a área de negócio e agir somente em atividades mais especializadas e específicas, em que a mesma não consiga avançar.

Já que aplicar uma nova proposta de valor irá, inevitavelmente, passar por mudanças nos processos do negócio, é imprescindível uma forma padrão de desenho e especificação dos processos em um ambiente que permita o trabalho de forma colaborativa.

Além disso, um ponto importante seria uma ferramenta que disponibilizasse os sistemas e controles de fluxo de trabalho (*workflow*), de forma ágil, com o mínimo de codificação (programação), por meio de uma plataforma que fosse fácil integrar com as demais aplicações existentes.

Padronização do desenho dos processos

Com a reengenharia da década de 90, o melhoramento dos processos se tornou uma função importante nas empresas. Para fazê-la de forma eficiente, os profissionais da área desenvolveram práticas e ações que culminaram, mais tarde, no início da década de 2000, em uma disciplina chamada "gerenciamento de processos de negócios" (ou BPM, *Business Process Management*).

Business Process Management (BPM) é a disciplina que combina abordagens para a modelagem, execução, controle, medição e otimização de processos de negócios. Ela pressupõe a ideia de que você vê os negócios como um conjunto de processos, e o BPM é o ato de melhorá-los.

Os envolvidos na modelagem BPM, junto com o engenheiro digital, se utilizam de alguma linguagem padrão para diagramar o processo, como por exemplo, rede Petri ou BPMN (*Business Process Model and Notation* ou, Notação de Modelagem de Processos de Negócio, em português), como exibido na figura a seguir.

Inove ou morra!

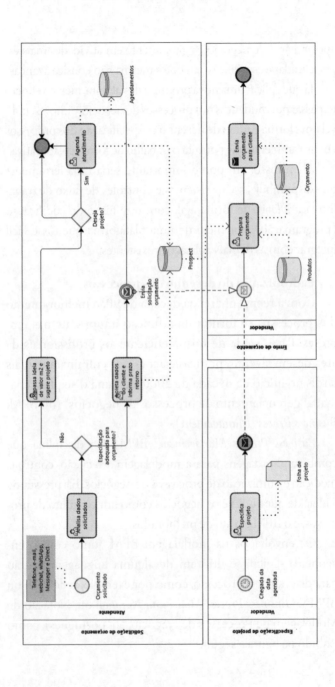

Luiz Guimarães

O BPM não tem como objetivo automatizar processos de negócio, mas melhorar os processos automatizados, da mesma forma que a reengenharia de processo. Todavia, ações pontuais que melhorem um processo não são, necessariamente, BPM, já que uma pessoa que faz o BPM precisa ter algum tipo de visão geral do processo, uma "visão de ponta a ponta".

Otimizar uma etapa em um processo, sem o conhecimento do todo, é exatamente o que Hammer e Champy estavam alertando: "Para entender às otimizações corretas, precisamos considerar essas otimizações no contexto de um processo de negócios completo".

Quando um engenheiro de processo está envolvido no BPM, espera-se que ele solicite muitas informações sobre o que está e o que não está funcionando, além de sugestões sobre como ele pode funcionar. Aquelas pessoas que dão o *feedback* estão ajudando o BPM a funcionar, mas não estão o executando.

Da mesma forma, um desenvolvedor de aplicativos projetando um formulário para entrada de dados, como uma etapa em um processo, não está fazendo BPM naquele momento. Uma vez que o processo "futuro" tenha sido adequadamente desenhado, a implementação real do aplicativo que o suporta não está mais ativamente envolvida na melhoria do processo.

Com isso, de forma óbvia, a execução dos processos não faz parte do BPM. No entanto, monitorar o processo para encontrar áreas de melhoria ainda seria uma parte importante dele.

A disciplina de BPM é essencial ao trabalho do engenheiro digital e deve ser (ou deveria ser) pensado como uma prática contínua, em vez de um evento único. Na dinâmica constante dos negócios, seus objetivos e processos estão em constante evolução, todavia, na era digital, as mudanças são muito mais rápidas do que eram antigamente, exigindo uma agilidade sem precedentes.

Ultimamente, ganhar agilidade é um desejo notório das organizações, só que para alcançá-la é necessário ter a capacidade de, antes de tudo, evoluir os processos de forma rápida.

Inove ou morra!

Utilizar práticas e modelos de notação padrão de mercado permite uma fluência adequada entre todos os membros da empresa, tornando esses diagramas uma ótima forma de documentar, discutir e analisar os processos com todos os envolvidos.

Ferramenta de gerenciamento de processos

Uma forma adequada e ágil de praticar o BPM é por meio de suítes de *software* de BPM. O Gartner, empresa de inteligência e tendência de mercado, categoriza como ferramenta de IBPMS (*Intelligent Business Process Management Suites*).

Essas suítes de *software* disponibilizam ambientes para a prática do BPM, com capacidades de colaboração e integração entre as diversas áreas de negócio e TI. No âmbito do projeto, atuam na modelagem dos processos, definição das regras de negócio e especificação dos participantes responsáveis em cada tarefa do processo.

Já no âmbito da implantação, ajudam na criação dos aplicativos necessários para a execução e controle dos processos. Abaixo, cito os principais benefícios em utilizar tais suítes:

• Criação de projetos de redesenho dos processos com a colaboração facilitada entre todos os interessados (*stakeholders*);

• Ambiente gráfico para a modelagem de processo por meio de linguagem padrão de descrição dos modelos (normalmente BPMN), que são úteis para discutir e documentar os processos;

• Geração automática de aplicativos em diversas plataformas, como *Web* e *Mobile*, para uma ágil aplicação dos novos projetos;

• Monitoramento e distribuição de fluxo de trabalho entre os responsáveis por executar o processo aplicado.

Os modernos *softwares* de IBPMS, além da modelagem colaborativa focam na aplicação dos processos de forma automática por meio de rotinas de *workflow* ou do desenvolvimento de formulários e *dashboards*, com baixa necessidade de programação, o que permite que analistas de negócio e o departamento de TI trabalhem juntos no desenvolvimento do aplicativo.

Isso possibilita que o novo processo "ganhe vida" de forma rápida com a disponibilização ágil de aplicações, em diversas plataformas, inclusive a móvel, integradas ao ecossistema atual.

Além de modelar e desenvolver as aplicações de processos em nível empresarial, os sistemas de IBPMS podem ser utilizados para modelagem de processos departamentais e modelagem de protótipos de novos processos ou iniciativas.

Esse último uso, geralmente, aborda novas oportunidades de engajar clientes e/ou novos grupos de funcionários, utilizando práticas modernas de inovação digital que promovam prototipagem rápida e iterativa com *feedback* do usuário.

Utilizar uma mesma suíte que tenha a flexibilidade de ser utilizada nesses três contextos é importante, pois exercícios de prototipagem de aplicativos, quando levam a proposições bem-sucedidas, precisam ser incorporados aos sistemas transacionais do negócio, para que se tornem parte do ambiente operacional usual.

Além disso, se os exercícios de desenvolvimento de aplicativos departamentais proporcionarem melhorias de negócios sustentáveis e incrementais ao longo do tempo, as organizações precisarão integrar aplicativos que foram inicialmente criados autônomos com os outros aplicativos corporativos.

Diversos *softwares* de IBPMS estão disponíveis no mercado, inclusive de forma gratuita, para modelagem, colaboração e desenvolvimento de aplicações com baixa necessidade de codificação. Defina os padrões, escolha seu *kit* de *software* e inicie sua jornada de digitalização.

4º Princípio: operação robotizada

Vimos que, na década de 90, a reengenharia, junto com a tecnologia da informação, tornou desnecessárias as diversas funções e etapas antes existentes nos processos. As etapas resultantes dos novos processos otimizados tinham que ser executadas por operadores, com o uso de ferramentas (sistemas de informação, computadores etc.).

Inove ou morra!

Naquele momento, as pessoas eram, de longe, a grande porção representativa dos operadores, relegando para os robôs algumas poucas atividades, especialmente na manufatura. Isso apoia a alegação, já vista aqui neste capítulo, que os processos eram executados por pessoas apoiadas por tecnologias.

Mesmo o ser humano sendo uma "máquina" fantástica e altamente flexível, não é prudente ou saudável aplicá-lo em todo tipo de atividade de um processo. Além das óbvias situações que envolvem questões de salubridade, temos ainda algumas atividades tidas como comuns, que também são danosas ao homem, muito talvez pelo sentido de propósito, que é inerente ao ser humano.

Atividades repetitivas, vistas como sem lógica, enfadonhas, que não exigem alguma capacidade de raciocínio, criatividade ou relação social são exemplos de trabalhos que anulam, reprimem ou aprisionam o trabalhador.

O robô, por outro lado, é um agente sem propósito, sem fraquezas biológicas e sem absenteísmo, que trabalha de forma homogênea e padrão. Nunca se cansa ou questiona as suas atividades. Possui memória abundante e habilidades especiais para lidar com muitos cálculos e complexidade de forma bem mais rápida.

Como um dispositivo mecatrônico programável é hoje uma grande realidade, principalmente em indústrias, nas funções de maior periculosidade e insalubridade para o ser humano. Em geral, ele é uma máquina CNC (Comando Numérico Computacional) programável em detalhes: avança 10 cm à frente, detecta a chapa, avança 1 cm para baixo, solda por 0,5 segundos, sobe 5 cm, avança para direita 10 cm etc.

A diferença para os novos robôs é a maior "inteligência" com algumas habilidades sensoriais humanas, ou seja, ele reconhece o que vê, o que escuta e o que cheira. Além disso, sabe falar em linguagem humana natural.

Com o advento da Inteligência Artificial, principalmente o *Deep Learning*, o robô agora pode reagir à ações e ocorrências do contexto, sem prévia programação. Um *drone* em voo autônomo, por exemplo, identifica e modifica a rota quando um obstáculo qualquer (um pássaro, um galho de árvore, um guindaste etc.) estiver em seu trajeto, sem nenhuma programação prévia.

Robôs podem e vão substituir seres humanos em diversas profissões. De acordo com uma previsão do Gartner, empresa de inteligência e tendência de mercado, até o fim de 2018, 45% das empresas de crescimento mais rápido terão menos funcionários do que máquinas inteligentes. Ainda, segundo ela, no mesmo período, mais de 3 milhões de trabalhadores em todo o mundo serão supervisionados por um "chefe robô".

Mas, quais são as carreiras mais ameaçadas a curto ou médio prazo? O estudo da Universidade de Oxford, citado no primeiro capítulo, considerou as demandas específicas de cada profissão, tais como exigência por soluções criativas, interações sociais e negociações, pontos fracos das máquinas, por enquanto.

O operador de *telemarketing* é o profissional mais ameaçado, com 99% de chances de perder seu posto. Já o trabalho menos "robotizável" é o de assistente social na área de drogas e saúde mental, com apenas 0,03% de probabilidade de substituição.

Com base nesse mesmo estudo, há previsões de que metade dos empregos dos EUA esteja sob ameaça tecnológica. Não sou economista e, mesmo se fosse, não iria tentar prever o impacto ou o desenrolar dos acontecimentos. Se iríamos para uma nova era de prosperidade com os novos benefícios tecnológicos, realocação dos trabalhadores em novos empregos ou se estaríamos caminhando para o *Armagedom* final.

O fato é que, como a história nos mostra, "não tem como parar o trem". O que posso dizer é que sempre encontramos o caminho em meio a nossa capacidade de adaptação e criatividade.

Inove ou morra!

Na primeira reengenharia, vimos que funções do processo eram executadas por pessoas que operavam os sistemas ERP. Naquele contexto, para alguns operadores, a função era a de ser o elo entre os sistemas (ferramentas) e o mundo físico (real).

Cabia a eles, os operadores humanos, reagir ao mundo real, entendendo e colhendo dele o que era necessário (ou importante) no contexto para, por fim, inserir as informações compreendidas de forma apropriada no sistema. Essa interação, coleta e inferição do mundo real poderia ocorrer, na prática, de várias formas, como por exemplo, pela chegada de um documento físico (nota fiscal), digital (*e-mail*), atendimento telefônico, presencial, recebimento de mercadorias físicas ou de valores monetários etc.

Contudo, não existia somente um tipo de operador. Outros, por exemplo, faziam a tarefa inversa, ou seja, começavam em consultas de dados do sistema, inferição de algum conhecimento sobre ele e alguma ação, que poderia ser no próprio sistema ou no mundo físico, como enviar um *e-mail*, fazer um telefonema ou transportar uma mercadoria.

Considerando a figura abaixo, podemos perceber que o ser humano operador utiliza suas capacidades cognitivas e sensoriais para rodar o processo por meio da tecnologia.

Luiz Guimarães

É neste ponto que entra o novo robô. Com habilidades cognitivas e sensoriais adquiridas, ele pode ser o próprio operador do sistema, sendo ele o responsável pela execução do processo em diversos pontos. Vejamos exemplos de soluções disponíveis para cada habilidade:

Cognição
O lado esquerdo do cérebro, a parte lógica, baseada em regras, sempre esteve no foco da programação. Os sistemas atuais são ricos em possibilidades para definir ações para regras e exceções, integrando-os em contextos e fluxos de aprovação.

Contudo, nesta analogia, o lado direito do cérebro é um grande desafio aos desenvolvedores de *softwares*. Pelo menos era. Essa parte da mente utiliza astúcias para avaliar o que fazer em ocasiões sem definição de regra e de sutileza para questionar a aplicação de uma determinada regra em um caso específico não mapeado, que pode provocar um resultado contrário do desejado pelo definidor da regra. Isso é interessante e alguns filmes de Hollywood narram histórias em que o robô provoca verdadeiras catástrofes em lealdade às suas diretrizes.

O avanço da inteligência artificial promoveu uma grande revolução deste ponto. Sistemas robóticos, com certa consciência ao contexto em volta, são capazes de interagir e conviver de forma harmoniosa entre os humanos, tomando decisões sensatas em meio a complexidade inerente ao entorno.

Audição
Segundo os analistas de inteligência e análise de mercado, em um futuro próximo, você não irá mais querer utilizar um *software* que só interaja por teclado e *mouse*. De acordo com eles, e o que faz bastante lógica, é que iremos preferir solicitar por voz o que desejamos ao invés de navegar por menus e funções.

É essa capacidade da Inteligência Artificial, de ouvir e interpretar a fala, que faz você dizer um endereço ao *Waze* ou uma

Inove ou morra!

palavra ao tradutor de línguas, ao invés de digitá-lo. Aliado à capacidade de cognição e tratamento de buscas avançadas, o assistente virtual pode ouvir o que foi dito e agir ou responder à solicitação, como fazem tão bem o *Siri* e *Alexa*, por exemplo.

Empresas como *Amazon AWS, Microsoft, IBM, Nuance* e diversas *startups* possuem em seu portifólio serviços de reconhecimento de fala vendidos pela nuvem, que permitem qualquer um incorporar em suas atividades ou aplicações a capacidade.

Visão

A maioria o nosso conhecimento advém da visão, por meio da leitura de frases, símbolos, gestos, caminhos, arte, ações etc. O operador utiliza esta habilidade para obter conhecimento do mundo físico, ou seja, para entender e discernir o que é útil para inserir no sistema.

Utilizando técnicas de OCR[2], Inteligência Artificial e sensores, sistemas robóticos são capazes de reconhecer qualquer objeto, pessoa ou escrita (formal e manuscrita). Dessa forma, sistemas de captura de dados podem ler e validar documentos, inserindo os dados diretamente na aplicação.

Exames médicos de imagem podem ser analisados por esses robôs com o preenchimento do laudo automático. Eles podem reconhecer produtos por sensores de rádio frequência, reconhecer níveis líquidos em tanques, temperaturas de câmeras e até espaços vazios em gôndolas de supermercado.

Atualmente, a habilidade visual de alguns desses sistemas de *Machine Learning* já superam a dos humanos em algumas aplicações. Da mesma forma que da audição, diversas empresas oferecem capacidades de reconhecimento e captura de dados, como módulos que

---

[2] OCR é um acrônimo para o inglês *Optical Character Recognition*. É uma tecnologia para reconhecer caracteres a partir de um arquivo de imagem ou mapa de *bits*, sejam eles escaneados, escritos à mão, datilografados ou impressos. Dessa forma, por meio do OCR é possível obter um arquivo de texto editável por um computador.

podem ser incorporados em sistemas ou serviços que podem ser consumidos da nuvem computacional pela *Internet*.

Mãos

Nossa capacidade motora é extremamente flexível e avançada. Todavia, qualquer sistema robótico ganharia do melhor e mais rápido digitador do mundo. Atividades rotineiras e repetitivas são excelentes candidatas à automatização por robôs.

Exemplos de atividades assim não faltam nos escritórios das empresas, onde assistentes ou analistas gastam horas preciosas de seus tempos executando procedimentos complexos, que normalmente envolvem diversos sistemas e *softwares* para coletar, tratar, processar ou armazenar informações.

RPA, acrônimo de *Robotic Process Automation* (Robô de Automação de Processos, em português) é o nome dado ao tipo de solução que automatiza este tipo de operação, após uma gravação inicial de todas as etapas do procedimento. Uma solução robusta de RPA consegue gravar qualquer tipo de procedimento feito por humanos em computadores *Windows*, desde acessar sistemas em terminais remotos, enviar *e-mail* e navegar na *Internet*.

Os produtos de RPA mais avançados conseguem, ainda, se integrar à plataforma de BPM (*Business Process Management*) da corporação, para tratamento de exceções e participar das rotinas de aprovação no *workflow*.

Sistema nervoso central

Imagine vários processos, cada um composto de dezenas de atividades e, em várias dessas atividades, existe um robô. Quem irá gerenciar tudo isso? Aí que entra o sistema nervoso central. Provavelmente, o que nos espera no futuro são pessoas focadas em executar atividades (ou parte das atividades) de maior valor (mais úteis), deixando para os robôs executarem os processos, ou pelo menos algumas partes deles, apoiados pelas pessoas.

Inove ou morra!

Elas serão responsáveis por monitorar e validar a operação. Cabe a elas também a programação e atualização da programação deles. Acredito que o ambiente, diferentemente de como descrito, muitas vezes, por Hollywood, será de muita colaboração entre os humanos e as máquinas. Prepare-se que você verá, se ainda não viu, o robô ocupando um espaço no organograma da sua empresa.

5º Princípio: empoderamento da força de trabalho
Se os robôs tiveram que adquirir capacidades humanas para se tornarem mais úteis e melhores, imagine quantos benefícios não colheríamos se capacitássemos os humanos com algumas competências dos robôs! Tantos caminhos são possíveis... Super consciência, super capacidade de lidar com grandes volumes de dados, super visão, super força etc. Mas, se tivesse que escolher uma única abordagem, qual fator seria o primordial? Como otimizar os profissionais? Como empoderá-los?

A resposta a esta pergunta está na cognição aumentada e esta, por sua vez, está na informação. E se o dado é o novo petróleo, com certeza a Inteligência Artificial é a nova refinaria.

Não se preocupe, na era da I.A. as máquinas serão as maiores colaboradoras dos humanos. Não será homem *versus* máquina, mas homem mais máquina. A tecnologia está mais ubíqua e vestível. Talvez, no futuro, o profissional torne-se tão integrado com as máquinas, que nem perceba se tornando parte humano, parte máquina, uma espécie de *cyborg*, um super profissional, mais cognitivo, consciente, forte e ágil. E esse é um dos objetivos do engenheiro digital.

Segundo previsão do Gartner, ainda em 2018, dois milhões de funcionários serão obrigados a usar dispositivos de rastreio de saúde e *fitness*, como condição de emprego. Ele explica que: "Para pessoas cujos trabalhos podem ser perigosos ou fisicamente exigentes, os dispositivos vestíveis podem fornecer monitoramento remoto das frequências cardíacas, da respiração e, potencialmente, de seus níveis de estresse, para enviar ajuda imediatamente, se necessário".

Mas, já não temos informação suficiente disponível? Na verdade, o profissional moderno está até sobrecarregado de informação, vindo de múltiplas fontes, nos requisitando a fazer muito mais coisas. Já percebe ou se sente assim?

O pior é que, segundo a CEO da IBM, Ginni Rometty, somente 20% dos dados no mundo são pesquisáveis. Os outros 80% são os dados de cada um, particularmente empresas e pessoas. Coloque I.A. em todas as etapas do seu processo e potencialize os profissionais com toda forma de inteligência digital.

Cabe aos engenheiros digitais, por meio das novas possibilidades tecnológicas, colocar inteligência na informação, direcionando no momento certo, disponibilizando facilmente quando requisitado, sugerindo quando não requisitado e sempre baseado no contexto.

Para esclarecer e guiar formas de aplicação, classificarei em cinco grupos as possibilidades de empoderamento profissional, como segue abaixo:

Soluções que possuem como objetivo encontrar informação

O que adianta possuir dados, se esses não podem ser encontrados com facilidade para gerar conhecimento. Assistentes virtuais, via linguagem natural de voz e texto podem servir de enciclopédia e buscador de dados internos.

Exemplos de perguntas como: "Qual a data de comemoração do profissional de *marketing*?", "Qual foi o montante de vendas em reais de sapatos masculinos em agosto do ano passado?", "Onde fica a sala de Roberta?" ou ainda "Alguém no departamento financeiro possui competência em *Scrum Master*?" são alguns exemplos de pesquisas que assistentes virtuais inteligentes podem fazer.

Inove ou morra!

O *Amazon Alexa for Business* é um exemplo de solução já disponível no mercado, que endereça este tipo de problema. Em poucos anos, todas as soluções de *Business Intelligence* e *Business Analytics* irão responder às suas perguntas por linguagem natural.

Soluções que possuem como objetivo filtrar informação
Quando se faz uma busca, de certa forma, está sendo aplicado um filtro. Sistemas de *e-mail* podem incluir filtros para organizar e classificar mensagens em pastas, automaticamente. As novas soluções de filtro poderão fazer isso, mas utilizarão contexto pessoal e de trabalho como componente inteligente para direcionamento de informação.

Esses sistemas inteligentes poderão filtrar a enorme quantidade de dados que recebemos todos os dias, desde *e-mails*, *streams*, documentos, mensagens e *posts* em redes sociais. Seria possível filtrar dados no contexto do horário, do dia e localização do profissional.

Por exemplo, para alguém que possui em seu calendário um evento importante, como a apresentação de um projeto ao cliente, seus diversos sistemas poderiam chamar a atenção de todas as informações (ou até ignorar, se assim fosse desejado) recebidas ou incluídas em redes sociais sobre o tema.

Soluções que possuem como objetivo sugerir informações
Sistemas de otimização podem completar ou enriquecer as nossas atividades. Para um cientista trabalhando em um *paper*, um assistente poderia buscar publicações sobre o tema em pesquisa, por exemplo. Para um advogado, um sistema inteligente poderia sugerir jurisprudências aplicáveis.

Esses sistemas podem preencher e melhorar o texto com exemplos e citações encontradas no mundo externo. Outra forma de ajuda é na análise e interpretação de dados, com otimizações na apresentação dos mesmos. Sistemas analíticos e de inteligência, utilizados por analistas e cientistas de dados, podem descobrir, prever e simular conhecimento de forma impossível para humanos.

Luiz Guimarães

Soluções que possuem como objetivo sugerir ações
Que tal um *concierge* digital? E um especialista sênior da empresa sempre disponível? Sistemas de sugestões podem ser uma rica forma de otimizar a força de trabalho. Sugestões de conexões, de conteúdo, eventos e ações são alguns exemplos.

Na enxurrada de *e-mails* e mensagens, sugestões de resposta agilizariam muito nossas rotinas. Ao escrever um texto ou interagir, melhorias gramaticais e sentimentais também seriam bem-vindas. Para os profissionais que reclamam de baixa produtividade com o mau uso do tempo, sistemas de otimização podem sugerir agendas e fazer a priorização de tarefas.

Qual a próxima melhor ação para se fazer em vendas, *marketing* e suporte ao cliente? Na complexidade do dia a dia, algoritmos inteligentes podem encontrar correlações impossíveis para nós humanos, de forma a sugerir ações que não tinham sido pensadas. Algumas ações de mercado já começam a ser aplicadas em sistemas de CRM, com obtenção de resultados expressivos de aumento de vendas.

Soluções que possuem como objetivo assessorar pessoas
Funções de apoio são muito importantes nos escritórios, pois a sua assistência facilita e agiliza o dia a dia de todos. Assistentes digitais pessoais podem potencializar estas ações à medida que suavizam tarefas de apoio como, por exemplo, agendar, relembrar e fazer *follow-up* de compromissos.

Tarefas assessorias como a montagem de relatório de despesas ou a criação de ATAs de reuniões presenciais, telefônicas e de vídeo podem ser feitas e enviadas automaticamente. Atividades de solicitação de reposição de material de escritório ou de compra de passagem aérea podem ficar muito mais ágeis e prazerosas.

Alguns escritórios no mundo já possuem dispositivos em pontos estratégicos, como, por exemplo, perto de máquinas de café, copiadores e mesas de trabalho para solicitação por voz, de insumos. Sis-

Inove ou morra!

temas de realidade aumentada, como *tablets* ou óculos podem ajudar técnicos em suas atividades de campo, como na assistência técnica na manutenção de um equipamento ou um atendente de um hotel.

6º Princípio: processo inteligente

Um algoritmo é uma sequência de instruções que informa ao computador o que ele deve fazer. O seu sistema de CRM, por exemplo, possui diversos algoritmos estáticos que ajudam a vender mais e melhorar o relacionamento com os clientes. Sendo assim, o nível de qualidade de um processo corresponde, em grande parte, à qualidade dos algoritmos dos sistemas que suportam o processo.

O nível de virtude de um algoritmo que apoia um processo é limitado pelo nível de complexidade que um determinado programador pode lidar para expressar o conhecimento adquirido por um especialista. Por sua vez, o nível de conhecimento adquirido é um resultado de saber capturado e experiência tácita vivida pelo profissional.

Dessa forma, esse conhecimento é caro, mas, ainda assim, limitado às informações capturadas e ao contexto vivido por um especialista em sua existência no mundo. Os programadores, por outro lado, estão codificando mais e mais complexidades nos *softwares*, fazendo com eles sejam mais "pesados" e difíceis de manter e proteger. Contudo, mesmo para o mais habilidoso programador, esse nível de capacidade de lidar com a complexidade encontra um limite na mente humana.

A velocidade das mudanças e o nível de complexidade atual comprometem o desempenho de empresas no modelo tradicional de cognição e redesenho dos processos de negócio e seus algoritmos. É imprescindível incluir sistemas inteligentes na tarefa, pois as máquinas podem tratar muito mais informação e processos mais complexos do que os seres humanos.

Luiz Guimarães

Mesmo com diversos avanços, implementados inclusive em *softwares* de IBPMS, para agilizar o trabalho de modelagem dos processos e a implementação de fluxos de trabalho (inclusive com codificação automática de *softwares*), sobrariam "em aberto" questões como: de que forma identificar necessidades de mudança? Como identificar oportunidades de otimização em um modelo de processo aparentemente perfeito? Ao invés de desenhar e trabalhar com um modelo de processo abrangente, como aprender, implantar e gerenciar um conjunto mais específico e personalizado de regras no processo?

No modelo tradicional, ou seja, dos processos não inteligentes, os modelos desenhados por humanos são genéricos por questões de gerenciamento da complexidade. Seria impossível identificar, criar e modelar centenas de regras de negócio, ou ainda, uma regra de negócio para cada cliente, mesmo que essa abordagem se mostrasse com melhor desempenho.

Com a reengenharia digital, as mudanças nos processos podem ser constantes e impulsionadas não apenas pelo histórico, mas também pelas capacidades preditivas dos algoritmos de aprendizado de máquina (*Machine Learning*). Todo algoritmo tem uma entrada e uma saída: os dados entram no computador, o algoritmo faz o que precisa com eles e um resultado é produzido. Como bem explicado pelo Prof. Pedro Domingos, o *Machine Learning* faz o contrário:

> (...) entram os dados e o resultado desejado, e é produzido o algoritmo que transforma um no outro. Os algoritmos de aprendizado – também conhecidos como aprendizes – são aqueles que criam outros algoritmos. Com o *machine learning*, os computadores escrevem seus próprios programas, logo não precisamos mais fazê-lo.

Inove ou morra!

Agora, o engenheiro digital, em vez de propor e desenhar o novo processo, deve treinar e gerenciar ativamente o desempenho dos algoritmos e modelos de dados para que esses (algoritmos) proponham o novo desenho (modelo do processo).

Ainda no contexto de processo inteligente, como visto no primeiro aspecto, caberia à máquina executar algumas das atividades deste processo desenhado de forma automática, com intervenção humana somente onde é devido.

Um ponto desconhecido por muitos é que técnicas de aprendizado de máquina aplicadas a processos diferem um pouco das técnicas aplicadas a dados, devido à característica dinâmica do processo. Normalmente, a ciência de dados é aplicada para analisar números, com contagem de frequência, somas, agregações de eventos e classificações.

As análises das dinâmicas dos eventos, gargalos e desvios dos processos não podem ser vistas da mesma forma, pois os registros não são organizados, tratados e analisados para esse fim, ou seja, os processos não podem ser capturados em dados numéricos e operações, como somatório.

Perceba que questionamentos como os abaixo não podem ser respondidos com técnicas de ciência de dados tradicional.

- Quais são os caminhos mais frequentes no meu processo? Eles mudam com o tempo?

- O que os casos que demoram mais de três meses têm em comum? Onde são os gargalos que causam esses atrasos?

- Quais casos se desviam do processo de referência (o modelado)? Esses desvios também causam atrasos?

Para que consigamos desenvolver processos inteligentes, faz-se necessário uma outra técnica de *Machine Learning* específica, chamada de *Process Mining*.

Luiz Guimarães

O *Process Mining* utiliza registros de eventos, dados de rastreabilidade ou *logs* como fonte de informação básica. Como vimos no capítulo dois, a *Internet das Coisas* está se tornando onipresente, criando um universo de dados e eventos (*Big data*).

Os eventos podem ocorrer dentro de uma máquina (por exemplo, uma máquina de raio-x, um caixa eletrônico ou sistema de manuseio de bagagem), dentro de um sistema de informações corporativas (por exemplo, um pedido feito por um cliente ou a apresentação de uma declaração), centros médicos (por exemplo, a análise de uma amostra de sangue), dentro de uma rede social (por exemplo, troca de *e-mails* ou mensagens do *Twitter*), dentro de um sistema de transporte (por exemplo, fazer o *check-in*, comprar um bilhete ou passar por um pedágio) etc. Os eventos podem ser "eventos da vida", "eventos da máquina" ou "eventos da organização".

Sendo assim, todo sistema de informação e dispositivo físico gera e disponibiliza *logs* de eventos que, se utilizados de forma correta, podem ser utilizados para a descoberta de processos de ponta a ponta, misturando os *logs* dos aplicativos com os *logs* de eventos de sensores, equipamentos e dispositivos, em um verdadeiro alinhamento do universo físico e digital.

Process Mining ou "Mineração de Processos", em tradução livre, é uma das tecnologias emergentes que promete ser uma ferramenta básica ao engenheiro digital, que surgiu no velho continente, mais precisamente na Holanda, pelo Professor Dr. Wil Van Der Aalst e seus colaboradores.

Segundo o professor Wil:

> Quando a mineração de dados começou a florescer nos anos 90, pouca atenção foi dada aos processos. Além disso, apenas recentemente, *logs* de eventos tornaram-se

Inove ou morra!

onipresentes, permitindo assim a descoberta de processos de ponta a ponta. As técnicas de mineração de processos usam dados de eventos para descobrir processos, verificar conformidade, analisar afunilamentos, comparar variantes de processos e sugerir melhorias.

Em linhas gerais, o *Process Mining* nada mais é do que um conjunto de algoritmos, que usa como matéria-prima dados de *log* de eventos, gerados por quase todos os dispositivos eletrônicos, a fim de "reconstruir" o fluxo de processos que uma determinada atividade precisou executar.

É possível visualizar a execução real do processo, em contrapartida sobre como ele é desenhado como BMPN. Fatos esporádicos ou exceções são encontrados de forma clara. Gargalos e entraves são identificados e um sem números de *insigths* tornam-se possíveis.

O processo totalmente fim a fim poderá ser visualizado muito além do modelo que foi diagramado, pois pode envolver dados de eventos de sistemas físicos, além da fronteira das aplicações. Imagine a possibilidade de ter uma visão completa do cliente, suas interações em redes sociais, sua interação sequencial no seu *website*, aplicativo, presença na loja e contatos no *call center*.

As aplicações são diversas, mas cito algumas retiradas do livro do Prof. Wil:

> O primeiro tipo de mineração de processo é a descoberta. Uma técnica de descoberta leva *log* de eventos e produz um modelo sem usar nenhuma informação a priori. Esse algoritmo pega um *log* de eventos e produz uma rede de Petri explicando o comportamento registrado no *log*.
>
> (...) O segundo tipo de mineração de processo é conformidade. Aqui, um modelo de processo existente é comparado com um *log* de eventos do mesmo processo. Verifica-

ção de conformidade pode ser usado para verificar se a realidade, conforme registrada no registro, está de acordo com o modelo e vice-versa. Por exemplo, pode haver um modelo de processo indicando que ordens de compra de mais de um milhão de euros exigem dois controles. A análise do *log* de eventos mostrará se esta regra é seguida ou não. Ao varrer o *log* de eventos usando um modelo especificando esses requisitos, é possível descobrir possíveis casos de fraude. Assim, a verificação de conformidade pode ser usada para detectar, localizar e explicar desvios e para medir a gravidade desses desvios.

(...) O terceiro tipo de mineração de processo é aprimoramento. Aqui, a ideia é estender ou melhorar um modelo de processo existente usando informações sobre o processo real gravado em algum *log* de eventos. Considerando que a verificação de conformidade mede o alinhamento entre modelo e realidade, este terceiro tipo de mineração de processo visa mudar ou estender o modelo a priori. Um tipo de melhoria é o reparo, ou seja, modificar o modelo para melhor refletir a realidade. Por exemplo, se duas atividades são modeladas sequencialmente, mas na realidade, pode acontecer em qualquer ordem, então o modelo pode ser corrigido para refletir isso. Outro tipo de aprimoramento é a extensão, ou seja, adicionar uma nova perspectiva ao modelo de processo, correlacionando-o com o *log*. Um exemplo é a extensão de um modelo de processo com a comparação de dados de desempenho.

O *Process Mining*, atualmente, ainda está pouco difundido. Contudo, com a evolução da tecnologia e das soluções de mercado, irá evoluir para uma forma mais avançada de aprendizado e terá seu uso ampliado e integrado ao dia a dia das empresas.

Inove ou morra!

7º Princípio: cadeia de valor digital

Pense na indústria da aviação. O que é essa indústria? Penso comigo que ela é uma indústria da confiança. Você confia que a companhia aérea levará você de um ponto A até um ponto B, com segurança e conforto. A companhia aérea confia nas instalações e ecossistema dos aeroportos, controle de tráfego aéreo, serviços de solo e na fabricante da aeronave.

Por sua vez, a fabricante confia que os seus fornecedores forneçam produtos e serviços que suportem suas atividades de fabricação das aeronaves, com qualidade para que ela possa atender às companhias aéreas. É um grande modelo de confiança, não acha?

Deixe-me desafiá-lo: esse modelo é suficientemente confiável? Como podemos melhorar o modelo de confiança na indústria de aviação? Como trazer mais transparência e confiança a toda essa cadeia?

Segundo estimativas da IACC, Coalisão Internacional Anti-Falsificação, circulou o equivalente a U$ 1,77 trilhões de dólares de produtos falsificados e piratas, só em 2015. Esses incluem relógios da *Rolex*, óculos da *Ray-ban*, tênis da *Nike* e também produtos críticos para a saúde e proteção humana, como medicamentos, material cirúrgico e peças automotivas, como freio e pneu.

A Organização Mundial da Saúde estima que 200 mil pessoas morrem todo ano, vítimas de remédios falsificados. Além de substâncias falsificadas, logística inadequada, armazéns fora dos padrões, contaminação por toxinas e medicamentos vencidos também são fontes de perigo.

Uma das raízes do problema para a situação está na complexidade atual da cadeia de fornecimento mundial, com muitos participantes de muitas regiões do mundo. Os produtos em volta de nós possuem partes que são produzidas em um país, são manufaturados em outro e vendidos em um terceiro. Além disso, o *e-commerce* tem feito com que se torne muito fácil vender produtos falsos, independentemente de onde o comprador esteja.

Luiz Guimarães

A solução, para isso, seria a integração segura e confiável de toda a cadeia de suprimentos. Um banco de dados, como um *blockchain*, que possibilite o registro único, inviolável e compartilhado por toda a cadeia permitiria transparência e confiança de todos, garantindo um rastreamento de cada produto, em questões de segundos.

A *IBM* apresentou, recentemente, por exemplo, um estudo de caso em que a gigante do varejo mundial, a *Walmart*, reduziu o tempo de rastreamento total da cadeia de produtos de hortifrúti (da loja ao agricultor), de duas semanas, para 2,2 segundos, com o uso de *blockchain*.

Para atender essa demanda, a indústria e a comunidade de *software* livre, com o projeto *Hyperledger*, têm trabalhado em uma segunda versão do *blockchain*, chamada de *blockchain* for *business* ou 2.0, como visto no capítulo dois. As principais diferenças de conceito são a rede autorizada, ao invés de pública, a inexistência de *criptomoedas* e a questão do não anonimato.

Como será que as cadeias de suprimento e troca poderão participar disso? Possivelmente, no futuro, o ecossistema do *blockchain* 2.0 será composto de uma grande rede que terá, na verdade, interligações de redes setoriais, financeiras, comerciais, industriais, de associações etc. Com isso, para participar da grande rede seria preciso afiliar-se a uma rede setorial conveniente.

Fazendo uma analogia muito simplista, seria como na *Internet*, que para se conectar a ela, você precisa primeiro se conectar a um

Inove ou morra!

provedor de serviço, que, por sua vez, se conecta a outros provedores de serviços, criando, assim, uma grande rede mundial.

Contudo, só o *blockchain* não basta, pois, como já disse anteriormente, é apenas um banco de dados. Ele só tem valor se criarmos valor sobre ele, via aplicações. Não existe um nome padrão sobre isso, sendo assim, chamarei genericamente de *Smart Contract* toda aplicação feita sobre o *blockchain*.

Serão os *Smart Contracts* que possibilitarão a integração externa da reengenharia digital, assim como o ERP fez internamente na reengenharia da década de 90. Esse tipo de tecnologia poderá gerar grande impacto nos processos da empresa, eliminando intermediários de atividades externas do processo e criando fluidez, agilidade, transparência e segurança na criação de valor.

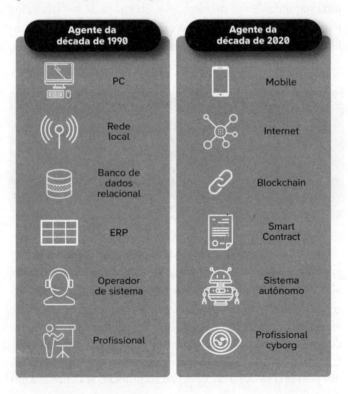

Luiz Guimarães

Do mesmo modo que o banco relacional revolucionou as empresas na década de 90, permitindo a criação de diversos aplicativos sobre ele, como o ERPs (sistemas de gestão empresarial), é esperado que o *blockchain* permita o mesmo, a criação de diversas novas possibilidades de aplicações.

Muito ainda tem que ser construído sobre esse aspecto da reengenharia digital, mas diversas aplicações de *Smart Contracts* já estão em testes atualmente, com algumas poucas já em produção. Além disso, muito tem que ser construído fora do contexto de aplicações, como, por exemplo, na questão da rastreabilidade física de produtos em uma cadeia de suprimentos, em que somente o registro no *blockchain* não seria suficiente para evitar falsificações, já que seria necessário garantir uma ligação entre o produto físico e o registro digital criptografado no banco de dados.

Até mesmo aqui, alguns pesquisadores no mundo já estão fazendo testes de soluções, que eles chamam de *crypto-anchor*, ou âncoras criptográficas, que são técnicas de marcação criptográfica nos produtos físicos, que permitem conferir se o mesmo se refere ao seu registro na cadeia de blocos.

A título de curiosidade, entre as técnicas que estão sendo testadas, tem-se desde nanocomputadores até carimbos de códigos simbólicos de tinta especial. Uma outra técnica, em fase de protótipo, é o reconhecimento e validação do produto por meio da identificação dos compostos e superfície do objeto.

Dessa forma, para que o consumidor, por exemplo, possa validar se um determinado comprimido para combater pressão alta é original, bastaria ele apontar a câmera macro do seu *smartphone* para o comprimido, que um aplicativo compararia a coleta visual da superfície do medicamento com o seu registro no *blockchain*, informando ao consumidor se o mesmo é verdadeiro ou falsificado.

Inove ou morra!

Como você pode ver, esse é o aspecto menos maduro, por isso, foi intencionalmente o último a ser apresentado. Mas perceba que, rapidamente, as soluções de mercado emergirão. Assim, o ideal é começar a sua jornada de digitalização e não esperar mais. Boa sorte!

Resumo

• Quando se pensa em reengenharia digital, o foco são os processos ao invés de criação de aplicativos para *smartphones*. O engenheiro digital desenvolve, em conjunto com o negócio, uma estratégia de reengenharia dos processos, que envolve a integração entre os elementos físicos e digitais que permeiam os processos. Se essas ações foram feitas de forma isolada, sugiro que repense e desenvolva logo uma estratégia de processo ao invés de tecnologia.

• A reengenharia de processos na década de 90 permitiu retirar atividades intermediárias internas da empresa que não geravam valor, além de servir de ferramenta para empoderar os profissionais na execução dos processos.

• Entre os desafios da reengenharia na década de 90 temos:

  • Era limitada pela velocidade e cognição dos humanos;

  • A proliferação de aplicações e dados pela empresa, o que dificultou encontrar informações e manter os dados consistentes.

• Na década de 90, os processos eram executados por pessoas apoiadas pela tecnologia, contudo, no contexto atual, podemos evoluir o modelo para que os processos sejam executados pela tecnologia apoiada por pessoas.

  • Os sete princípios da reengenharia digital são:

  • Empoderamento do cliente;

  • Disponibilização de uma boa plataforma de dados;

  • Agilidade no redesenho dos processos;

  • Operação robotizada;

  • Empoderamento da força de trabalho;

Luiz Guimarães

- Processos inteligentes;
- Cadeia de valor digital.

• O primeiro princípio trata sobre colocar o cliente no centro do negócio e ver o negócio, os produtos, os serviços e pontos de contatos como componentes que o circundam.

• O segundo princípio trata de disponibilizar uma plataforma de dados consistente e integrada, que permita a visualização do cliente a todos os componentes como parte de um todo uno e não como entes, separados, como se fossem múltiplas empresas distintas.

• O terceiro princípio trata de padronizar os desenhos dos processos em ferramentas colaborativas que permitam a disponibilização automática de sistemas e *workflow*.

• O quarto princípio trata de colocar modernos robôs que possuam habilidades cognitivas e sensoriais, para serem os operadores dos sistemas, sendo eles responsáveis pela execução do processo em diversos pontos.

• O quinto princípio trata de capacitar os humanos com algumas competências dos robôs, principalmente em relação à cognição, ou seja, acesso simples, rápido, melhorado a informações para tomada de decisão e ação.

• O sexto princípio trata de uma nova forma de evoluir os processos, que deixariam de ser reativos e feitos totalmente por humanos, para serem feitos por máquinas, por meio das capacidades preditivas dos algoritmos de aprendizado de máquina (*Machine Learning*), fazendo com que a evolução dos processos se torne constante, impulsionada pelo histórico e abrangendo não só as regras, mas também as exceções.

• O sétimo princípio trata da integração segura e confiável de toda a cadeia externa de transações de uma empresa.

Luiz Guimarães

Referências bibliográficas

Referências introdução
BARIFOUSE, Rafael. *Você corre risco de perder o emprego para um robô?* Disponível em: <http://www.bbc.com/portuguese/curiosidades-38979057>. Acesso em: 09 de abr. de 2018.
BRYNOLFSSON, Erik; MCAFEE, Andrew. *A segunda era das máquinas.* Ed. Atlas books, 2015.
CORKERY, Michael. *Scenes From Sears: 2 Locations Tell a Story of Struggle in a Tight Retail Market.* Disponível em: <https://www.nytimes.com/2017/11/24/business/sears-retail.html>. Acesso em: 09 de abr. de 2018.
DELL TECHNOLOGIES. *Dell Technologies Research: 78% of Busi-*

nesses Feel Threatened by Digital Start-ups. Disponível em: <https://www.delltechnologies.com/en-us/press/unveiling-the-digital-transformation-index.htm>. Acesso em: 09 de abr. de 2018.

DELL TECHNOLOGIES. *Digital Transformation: Embracing a Digital Future.* Disponível em: <https://www.delltechnologies.com/en-us/perspectives/digital-transformation-index.htm>. Acesso em: 09 de abr. de 2018.

FORBES. *On Artificial Intelligence: Michael Dell.* Disponível em: <https://www.forbes.com/100-greatest-business-minds/person/michael-dell>. Acesso em: 09 de abr. de 2018.

FORBES. *On foresight: Elon Musk.* Disponível em: <https://www.forbes.com/100-greatest-business-minds/person/elon-musk>. Acesso em: 09 de abr. de 2018.

GEVELBER, Lisa. *Micro-Moments Now: Why expectations for 'right now' are on the rise.* Disponível em: <https://www.thinkwithgoogle.com/consumer-insights/consumer-immediate-need-mobile-experiences/>. Acesso em: 09 de abr. de 2018.

KOTLER, Philip. *Marketing 4.0.* Editora Sextante, 2017.

LAUCHLAN, Stuart. *Top ten digital transformation actions from PwC.* Disponível em: <https://diginomica.com/2015/10/01/top-ten-digital-transformation-actions-from-pwc/#.Vg5tk8vovmI>. Acesso em: 09 de abr. de 2018.

LOEB, Walter. *Walmart Is Suddenly Closing 10% Of All Sam's Clubs.* Disponível em: <https://www.forbes.com/sites/walterloeb/2018/01/12/walmart-is-suddenly-closing-10-of-all-sams-clubs/#4c29c979203b>. Acesso em: 09 de abr. de 2018.

MIT CISR. *Resource Briefing.* Volume XIII, Number 7, July, 2013.

RUSHE, Dominic. *Big, bold ... and broken: is the US shopping mall in a fatal decline?* Disponível em: <https://www.theguardian.com/us-news/2017/jul/22/mall-of-america-minnesota-retail-anniversary>. Acesso em: 09 de abr. de 2018.

SANICOLA, Laura. *Stores may be in trouble, but people*

spendind like mad. Disponível em: <http://money.cnn.com/2017/12/15/news/economy/retail-sector-economy/index.html>. Acesso em: 09 de abr. de 2018.
SCHWAB, Klaus. *A quarta revolução industrial.* Editora edipro, 2017. p. 17.
TOWNSEND, Matt ; SURANE, Jenny; ORR, Emma ; CANNON. Christopher. *America's 'Retail Apocalypse' Is Really Just Beginning.* Disponível em: <https://www.bloomberg.com/graphics/2017-retail-debt/>. Acesso em: 09 de abr. de 2018.
WEF. *Airbus.* Disponível em: <http://reports.weforum.org/digital-transformation/airbus/>. Acesso em: 09 de abr. de 2018.
WEF. *Digital Transformation.* Disponível em: <http://reports.weforum.org/digital-transformation/wechat/>. Acesso em: 09 de abr. de 2018.
WESTERMAN, George; BONNET, Didier; MCAFEE, Andrew. *Liderando na era digital.* Editora M. books, 2015. p. 32.
ZMUDA, Natalie. *The new consumer behaviors that defined Google's Year in Search.* Disponível em: <https://www.thinkwithgoogle.com/consumer-insights/marketing-trends-year-in-search-2017/>. Acesso em: 09 de abr. de 2018.

Referências capítulo 1
SATELL, Greg. *Mapping innovation.* McGraw-Hill Education, 2017.
CHRISTENSEN, Clayton. *The Innovator's Dilemma.* Harvard Business Review, 1997.

Referências capítulo 2
GEVELBER, Lisa. *Micro-Moments Now: Why expectations for 'right now' are on the rise.* Disponível em: <https://www.thinkwithgoogle.com/consumer-insights/consumer-immediate-need-mobile-experiences>. Acesso em: 09 de abr. de 2018.
KOTLER, Philip. *Marketing 4.0.* Editora Sextante, 2017.
ROGERS, David. *Transformação digital: transformando o seu ne-

gócio para a era digital. Editora Autêntica Business, 2017.
SHEP HYKEN. *A Big Trend in Customer Experience (CX): Convenience*. Disponível em: <https://hyken.com/customer-experience-2/big-trend-customer-experience-cx-convenience/>. Acesso em: 09 de abr. de 2018.
SPACEY, John. *14 Types of Customer Convenience*. Disponível em: <https://simplicable.com/new/customer-convenience>. Acesso em: 09 de abr. de 2018.
2017 UPS Pulse of the Online Shopper™ Study.
WESTERMAN, George; BONNET, Didier; MCAFEE, Andrew. *Liderando na era digital*. Editora M. books, 2015. p.32.
ZMUDA, Natalie. *The new consumer behaviors that defined Google's Year in Search*. Disponível em: <https://www.thinkwithgoogle.com/consumer-insights/marketing-trends-year-in-search-2017/>. Acesso em: 09 de abr. de 2018.

Referências capítulo 4
Computer History Museum. *Timeline of Computer History*. Disponível em: <http://www.computerhistory.org/timeline/computers/>. Acesso em: 09 de abr. de 2018.
DORMEHL, Luke; EDELSTEIN, Stephen. *Sit back, relax, and enjoy a ride through the history of self-driving cars*. Disponível em: <https://www.digitaltrends.com/cars/history-of-self-driving-cars-milestones/>. Acesso em: 09 de abr. de 2018.
ERP and More! About ERP History. Disponível em: <https://www.erpandmore.com/erp-reference/erp-history/>. Acesso em: 09 de abr. de 2018.
http://einstein.etsu.edu/~pittares/EIS/articles/3Leimbach_sap_evolution.pdf
IDC. *As plataformas do IDC*. Disponível em: <https://www.idc.com/3rdplatform>. Acesso em: 09 de abr. de 2018.
INTERNERT WORLD STATS. *Internet growth statistics*. Dis-

ponível em: <https://www.internetworldstats.com/emarketing.htm>. Acesso em: 09 de abr. de 2018.
MURPHY, Julia; ROSER, Max. *Internet.* Disponível em: < https://ourworldindata.org/internet>. Acesso em: 09 de abr. de 2018.
REIMER, Jeremy. *Total share: 30 years of personal computer market share figures.* Disponível em: <https://arstechnica.com/features/2005/12/total-share/4/>. Acesso em: 09 de abr. de 2018.
SAP. SAP: *A 46-year history of success.* Disponível em: <https://www.sap.com/corporate/en/company/history.1991-2000.html#1991-2000>. Acesso em: 09 de abr. de 2018.
WIKIPEDIA. *History of the Internet.* Disponível em: <https://en.wikipedia.org/wiki/History_of_the_Internet>. Acesso em: 09 de abr. de 2018.
WIKIPEDIA. *World Wide Web.* Disponível em: <https://en.wikipedia.org/wiki/World_Wide_Web>. Acesso em: 09 de abr. de 2018.
WIKIPEDIA. *Novell.* Disponível em: <https://en.wikipedia.org/wiki/Novell>. Acesso em: 09 de abr. de 2018.
WIKIPEDIA. *SAP R/3.* Disponível em: <https://en.wikipedia.org/wiki/SAP_R/3>. Acesso em: 09 de abr. de 2018.
WIKIPEDIA. *Timeline of computing 1950–79.* Disponível em: <https://en.wikipedia.org/wiki/Timeline_of_computing_1950%E2%80%9379#1970s>. Acesso em: 09 de abr. de 2018.
WIKIPEDIA. *History of self-driving cars.* Disponível em: <https://en.wikipedia.org/wiki/History_of_autonomous_cars>. Acesso em: 09 de abr. de 2018.
ZIMMERMANN, Kim Ann. *History of Computers: a Brief Timeline.* Disponível em: <https://www.livescience.com/20718-computer-history.html>. Acesso em: 09 de abr. de 2018.

Referências capítulo 5
LANE, Randall. *Bill Gates: More Tech Revolutions Are Coming, And They'll Change Everything We Know.* Disponível em: <https://

Inove ou morra!

www.forbes.com/sites/randalllane/2017/09/20/bill-gates-tech-revolution/#15d03dc122c6>. Acesso em: 09 de abr. de 2018.
STATISTA. *Number of smartphones sold to end users worldwide from 2007 to 2017 (in million units)*. Disponível em: <https://www.statista.com/statistics/263437/global-smartphone-sales-to-end-users-since-2007/>. Acesso em: 09 de abr. de 2018.
WEF. *World Economic Forum White Paper Digital Transformation of Industries: In collaboration with Accenture*. Disponível em: <http://reports.weforum.org/digital-transformation/wp-content/blogs.dir/94/mp/files/pages/files/dti-digital-enterprise-white-paper.pdf>. Acesso em: 09 de abr. de 2018.

Referências capítulo 6
ASHTON, Kevin. *Biography*. Disponível em: <http://ethw.org/Kevin_Ashton>. Acesso em: 09 de abr. de 2018.
EVANS, Dave. *The Internet of Things; How the Next Evolution of the Internet Is Changing Everything*. Disponível em: <https://www.cisco.com/c/dam/en_us/about/ac79/docs/innov/IoT_IBSG_0411FINAL.p df>. Acesso em: 09 de abr. de 2018.
IDC. *The Digital Universe of Opportunities: Rich Data and the Increasing Value of the Internet of Things*. Disponível em: <https://www.emc.com/leadership/digital-universe/2014iview/executive-summary.htm>. Acesso em: 09 de abr. de 2018.
LOHR, Steve. *The Origins of 'Big Data': An Etymological Detective Story*. Disponível em: <https://bits.blogs.nytimes.com/2013/02/01/the-origins-of-big-data-an-etymological-detective-story/>. Acesso em: 09 de abr. de 2018.
MELL, Peter; GRANCE, Timothy. *The NIST Definition of Cloud Computing*. Disponível em: <http://nvlpubs.nist.gov/nistpubs/Legacy/SP/nistspecialpublication800-145.pdf>. Acesso em: 09 de abr. de 2018.
NELSON, Patrick. *Just one autonomous car will use 4,000 GB of*

data/day. Disponível em: <https://www.networkworld.com/article/3147892/internet/one-autonomous-car-will-use--4000-gb-of-dataday.html >. Acesso em: 09 de abr. de 2018.
O'REILLY, Tim. *What Is Web 2.0: Design Patterns and Business Models for the Next Generation of Software.* Disponível em: <http://www.oreilly.com/pub/a/web2/archive/what-is--web-20.html>. Acesso em: 09 de abr. de 2018.
RAYMOND, Matt. *How Tweet It Is!: Library Acquires Entire Twitter Archive.* Disponível em: <https://blogs.loc.gov/loc/2010/04/how-tweet-it-is-library-acquires-entire-twitter--archive/>. Acesso em: 09 de abr. de 2018.
WIKIPEDIA. *Apache Hadoop.* Disponível em: <https://en.wikipedia.org/wiki/Apache_Hadoop >. Acesso em: 09 de abr. de 2018.

Referências capítulo 7
BUCK, Ian. *The Evolution of GPUs for General Purpose Computing.* Disponível em: <http://www.nvidia.com/content/GTC-2010/pdfs/2275_GTC2010.pdf>. Acesso em: 09 de abr. de 2018.
CASSELLA, Dena. *What is Augmented Reality (AR): Augmented Reality Defined, iPhone Augmented Reality Apps and Games and More.* Disponível em: <https://www.digitaltrends.com/gaming/what--is-augmented-reality-iphone-apps-games-flash-yelp-android-ar--software-and-more/>. Acesso em: 09 de abr. de 2018.
DOMINGOS, Pedro. *O algoritmo mestre: como a busca pelo algoritmo de machine learning definitivo recriará o nosso mundo.* Editora Novatec, 2017.
KOHS, Greg (diretor). *AlphaGo* (documentário), 2017.
PHELAN, David. *Exclusive: The most important talks about the app economy, the importance of coding and Augmented Reality.* Disponível em: <http://www.independent.co.uk/life-style/gadgets-and-tech/features/apple-tim-cook-boss-brexit-uk--theresa-may-number-10-interview-ustwo-a7574086.html>.

Inove ou morra!

Acesso em: 09 de abr. de 2018.
REVISTA TIME. *Edição especial sobre Inteligência Artificial de* (29/12/2017).
ROSOFF, Matt. *Here's where the big money will be made in virtual reality.* Disponível em: <http://www.businessinsider.com/goldman-sachs-vr-and-ar-market-size-and-segmentation-2016-4 >. Acesso em: 09 de abr. de 2018.
SHUM, Harry. *PCs made everyone more productive at home, school, and at work — and artificial intelligence could change the world just as much.* Disponível em: <http://www.businessinsider.com/microsofts-harry-shum-ai-could-change-the-world--just-as-much-as-pcs-2018-1 >. Acesso em: 09 de abr. de 2018.

Referências capítulo 8
NAKAMOTO, Satoshi. *Bitcoin: um sistema de dinheiro eletrônico ponto-a-ponto.* Disponível em: <https://pt.slideshare.net/rodrigohenrik/bitcoin-um-sistema-de-dinheiro-eletronico-pontoaponto >. Acesso em: 09 de abr. de 2018.
SZABO, Nick. *Shelling Out: The Origins of Money.* Disponível em: <https://nakamotoinstitute.org/shelling-out/>. Acesso em: 09 de abr. de 2018.

Referências capítulo 9
ANDREESSEN, Marc. *Why Software Is Eating The World.* Disponível em: <https://www.wsj.com/articles/SB10001424053111903480904576512250915629460>. Acesso em: 09 de abr. de 2018.
CHRISTENSEN, Clayton. *The Innovator's Dilemma.* Harvard Business Review, 1997.
HAMMER, Michael; CHAMPY, James. *Reengineering the corporation a manifesto for business revolution.* HarperCollins e-books, 2009.
ROGERS, David. *Transformação digital: transformando o seu negócio para a era digital.* Editora Autêntica Business, 2017.

SATELL, Greg. *Mapping Innovation*. McGraw-Hill Education, 2017.
SATELL, Greg. *What is Disruptive Innovation?* Disponível em: <https://www.digitaltonto.com/2009/what-is-disruptive-innovation/>. Acesso em: 09 de abr. de 2018.
SATELL, Greg. *The 4 Types of Innovation and the Problems They Solve*. Disponível em: <https://hbr.org/2017/06/the-4-types-of-innovation-and-the-problems-they-solve>. Acesso em: 09 de abr. de 2018.

Referências capítulo 10
ALLEC O'CONNELL, Julie. *The Worldwide Epidemic of Counterfeit Drugs*. Disponível em: <https://www.worldcrunch.com/tech-science/the-worldwide-epidemic-of-counterfeit-drugs>. Acesso em: 09 de abr. de 2018.
DOMINGOS, Pedro. *O algoritmo mestre: como a busca pelo algoritmo de machine learning definitivo recriará o nosso mundo*. Editora Novatec, 2017.
GURDUS, Elizabeth. *IBM CEO Ginni Rometty says 80% of the world's data is where the 'real gold' is*. Disponível em: <https://www.cnbc.com/2017/06/20/ibm-ceo-says-80-percent-of-the-worlds-data-is-where-the-real-gold-is.html>. Acesso em: 09 de abr. de 2018.
IACC. *Counterfeiting adds up*. Disponível em: <https://www.iacc.org/resources/about/st>. Acesso em: 09 de abr. de 2018.
PEMBERTON LEVY, Heather. *Gartner's Top 10 Predictions herald what it means to be human in a digital world*. Disponível em: <https://www.gartner.com/smarterwithgartner/gartner-predicts-our-digital-future/>. Acesso em: 09 de abr. de 2018.
STYLIANOU, Nassos; NURSE, Tom; FLETCHER, Gerry; FEWSTER, Aidan; BANGAY, Richard; WALTON, John. *Will a robot take your job?* Disponível em: <https://www.bbc.com/news/technology-34066941>. Acesso em: 09 de abr. de 2018.
VAN DER AALST, Wil. *Process Mining*. Springer, 2016.

Inove ou morra!

Para mais conteúdo, acesse o blog da Reengenharia Digital em:

www.reengenhariadigital.com.br/blog